教師の悩みとメンタルヘルス

悩める教師を支える会代表
明治大学教授
諸富祥彦著

図書文化

はじめに　～悩める教師たちへ～

教師受難の時代

「校務分掌とは名ばかりで、仕事の多くが私に回ってきます。毎日夜中まで仕事、仕事で、疲れ切ってもうヘトヘトです」

「学級の子どもに『クソばばあ。授業受けてやってるんだから、ありがたく思え！』と言われました。子どもたちがかわいく思えません」

「保護者からひどく責められて……私の心はボロボロです。こんな思いまでして、教師を続けなくてはいけないのでしょうか」

「校長に何度相談しても、『君の力量不足のせいだ』と突っぱねられてしまうんです」

カウンセラーであり「悩める教師を支える会」の代表である私は、これまでに実に多くの先生方の悩み、苦しみに耳を傾けてきました。そして、つくづく思ったものです。

「ああ……、私には小・中学校の教師はとうてい務まらない」と。

九七〜九八年にかけてイギリスとアメリカに留学していた私が帰国したとき、ちょうど小学校低学年で学級崩壊の嵐が巻き起こっていました。

深刻化したこの問題に対処しようと、スクールアドバイザーやスクールスーパーバイザーといった名称で、教育委員会から専門家が学校に派遣され、私もその一員として全国の学校へ赴き、校内研修を行ってきました。

多いときで年間五十校ほど回ったでしょうか。どの学校でも、子どもたちの問題行動は度を越えているうえ、人手も完全に不足しています。

惨憺たる現場を前に思ったものです。

「これ以上、教師にどうしろというのだ」と。

子どもたちの荒れに加えて、保護者からのあいつぐ苦情。マスコミをはじめとする世論は「教師バッシング」ばかり行う……。

せめて職員室の仲間同士で支え合えれば救われるというものですが、運悪くそういった仲間のいない先生は、孤独感にさいなまれながら、悩み続けることになります。

「教師の現状は、不可能を可能にしろと言われているようなものだなあ」

——そう、しみじみと思ったものです。

こうした学校の現状を目の当たりにして、「いまこそ、教師を支える力が必要なのではないか」という思いを募らせてきました。

そんな思いから、私が発起人代表となって、一九九九年十一月に「悩める教師を支える会」というサポートグループ（※）を結成しました。今年（二〇〇九年）でちょうど結成十年になります。

そして現在。あいかわらず扱いづらい子どもたちに加え、追い打ちをかけるように、学校に攻め込んでくる保護者（モンスターペアレント）が、七、八年ほど前から急増してきました。頼みの綱ともいえる職員室の仲間たちとの関係も、冷え込んでいる場合が少なくありません。先生方のおかれている状況は、むずかしくなるばかりです。

教師という仕事は、かつてないほど困難な職業になりました。まさに「**教師受難の時代**」です。

辞めてはいけない！

「こんなつらい思いをするくらいなら、いっそ教師を辞めてしまいたい」

ため息まじりに、こうつぶやく先生を、私は何人見てきたでしょうか。

「教師を辞めてしまいたい」――いまの教師の苦しみを考えれば、無理のないことだと思います。けれど、私はあえてこう言わせていただきます。

「どんなにつらいことがあっても、いま、教師を辞めてはいけない！」

いまあなたが、「これ以上ボロボロになる前に、教師を辞めよう」と思い、実際に辞めてしまったとします。すると、そのあとは空虚な人生が待っているのです。

思い出してください。子どもたちとの日々のふれあいを。

思い出してください。理想とする学級経営ができたときの充足感を。

思い出してください。子どもたちとともに、汗と涙を流した部活動を。

思い出してください。みんなの息がぴたりと合った、あの合唱コンクールを。体育祭を。文化祭を。遠足を。修学旅行を。卒業式を……。

教師は、とても大変な職業です。けれど半面、とても大きな喜びと生きがいに満たされ、それを活力にして続けられるやりがいに満ちた仕事でもあります。

この大きな喜びや活力がなくなったとき、どんな仕事も代わりにはなりません。それほどやりがいのある仕事なのです。教師ほど転職がむずかしい職種はないのです。

想像してください。教師を辞めたあとの自分の人生を……。

そのあとは「元教師の私」「教師を辞めた私」の人生がひたすら続くだけなのです。

教師というのは、辞めて何年たっても「元教師」なのです。あまりにやりがいがある仕事であるために、辞めたあとはひたすらむなしい日々を送ることになりがちです。

ですから、いま、あなたがつらくても、**勢いで辞めてしまわないこと**、これがいちばん大切です。

辞めてしまわれた先生方が二〜三年たったころ、口を揃えてこうおっしゃいます。

「**辞めるんじゃなかった**」

——教職を去った八割方の先生は、後悔しているのです。

教師同士で支え合おう

本書を手にとられた先生のなかには、現在メンタルクリニックでうつの治療を受けている方もおられると思います。

「**うつのときは重大な決断をしてはいけない**」

という鉄則があります。抑うつ状態のときは、

「ほかの先生方にも迷惑をかけて……。私なんか辞めたほうがみんなのためにもなる」

などと自罰的に考えがちです。

確かに、周りの人には負担をかけているかもしれません。けれど、いまは病気なのだから、仕方がないのです。迷惑をかけている方には、元気になったらお返しをすればいいのです。うつではない先生も、周りにうつの方がいたら、しっかり支えてあげてほしいと思います。

この教師受難の時代、教師をやっていれば、うつはだれでもなりうる病。むしろ、**うつは「まじめに教師をしてきた証」**と言ってもいいほどです。

いまは大丈夫でも明日はわが身です。自分が元気なときは周りの人を助ける、逆に元気がないときは助けてもらう。それが当たり前の**「お互いさま」の関係で支え合ってほしい**のです。

こうした関係をつくるには、ふだんからお互いに弱音を吐き合え、悩みごとをみんなで語り合える職員室をつくることが大切です。それが教師のメンタルヘルスには不可欠です。

私は、**教師のチームワークこそが日本の学校の最大の財産**だと感じていました。それが崩れかけているいまだからこそ、声をかけ合って、支え合いの態勢をつくってほしいのです。「弱音を吐ける職員室」をつくってほしいのです。

人間関係能力を高めてメンタルヘルスを保つ

以前までは、学業優秀でまじめな人であれば、それなりに務まるのが教師という仕事でした。しかし現在では、**教師を続けるために「特別な能力」が必要とされるようになってきた**のです。

ここでいう特別な能力とは、子どもや親たちからの多様で多分に自分勝手（個人主義的）な要求に考慮しつつバランスよくコミュニケーションを行っていく能力。子どもや親に合わせて、自分の指導スタイルを微妙に調整していく柔軟性です。

さらに、何か問題が発生したときに、一人で抱え込まず、同僚や管理職など**周囲の人に弱音を吐き、助けを求める能力**（**被援助志向性**）。こうした能力がかつてないほど求められるようになりました。

この「特別な能力」をもっていなかったり、もっていても、それを上回る大きな課題がある職場環境におかれると心がこわれてしまう……それがいまの学校です。

「**教師は教科指導のプロである以前に、人間関係のプロでなくてはならない**」

――私は常々こう主張してきました。

子ども集団といい関係をつくれなければ、よい学級集団をつくることはできません。同様に、保護者の気持ちをくみ取り、信頼関係を築けなければ、保護者からのクレーム攻勢にあうでしょう。同僚や管理職との人間関係をうまくつくれなければ、チームワークを生かした仕事を進めることはできません。

このように考えてみると、教師という仕事は、常に人間関係にかかわる仕事です。人間を相手にし、その人との関係のうえで進めていく仕事ばかりなのです。

しかし、教師の多くは、人間関係能力が十分とはいえません。教科のことは学んでいても、人間関係のスキルは学んできていないのです。

そのために、学級経営に行き詰まったり、保護者対応が上手にできなかったり、同僚や管理職に助けを求められず一人で悩みを抱え込んだりします。そしてしだいに、精神的・肉体的に疲弊しきって、やがて休職や退職に追い込まれることが少なくないのです。

教師が人間関係能力を高めることは、教師自身のメンタルヘルスを保つために役立つだけではありません。ひいては、教師をモデルにする子どもたちの人間関係能力を高めることにもつながります。

本書では、教師が自らの人間関係能力を高めるためのテクニックや、悩みを軽くするための考え方や方法を随所で紹介しています。ぜひ、参考にしてください。

さて、本書の前半では、「教師の四大悩み」といえる、①多忙感、②子どもとの関係、③保護者との関係、④同僚と管理職との関係について、現在の問題点とおのおのの対応策についてお話ししていきます。

後半では、教師のメンタルヘルス、とくに「うつ」についての予防と対策を中心にお話ししていきたいと思います。

本書は「悩める教師を支える会」発足十周年という一つの区切りを記念するとともに、**「教師であるあなたが、心の健康と誇りを保ちつつ、この先も元気を出して、教師を続けていけるようにサポートすること」**をねらいとして、企画されたものです。

本書が、悩めるあなたの助けになることを願ってやみません。

最後に、「悩める教師を支える会」を発足十年間、支え続けてくださった仲間たち、特に大竹直子さん、田中典子さん、鈴木律江さん、斉藤郁子さんら、「支える会」の常連の方々、ボランティアでホームページのメンテナンスをしていただいた辰己裕介さん、明治大学心理臨床センター長の弘中正美先生、大学院生の吉満麻衣子さん、図書文化の村主典英さん、東則孝さんらに、心から感謝申し上げます。

※「サポートグループ（support group）」とは、専門家が組織の中心にいながら、同じ職業の者同士、同じ立場の者同士（悩みを抱える者同士）、参加者が抱えている問題を、仲間のサポートや専門家のアドバイスを受けながら解決をめざしていく相互援助グループのこと。

いっぽう、「セルフヘルプグループ（self-help group）」は、例えば、「断酒会（アルコール依存症の人たちの自助グループ）」など、同じ悩みをもつ人々が自ら立ち上げて、語り合い、仲間の支援を受けながら自分自身で解決していくもの。こちらは、問題を抱えた人自身が主催者となります。

「悩める教師を支える会」は、実際には悩みを抱えた先生方同士の話し合いが中心であるものの、心理の専門家である私（諸富）が主宰し、声かけをし、枠を作り守っていく役割を果たしているため「サポートグループ」に分類されます。

「悩める教師を支える会」の場所や日程については、ホームページ（http://sasaeru.my.land.to/）をご覧いただくか、私のホームページ（http://morotomi.net/）から、入っていってください。

contents

教師の悩みとメンタルヘルス

はじめに　～悩める教師たちへ～

第1部　教師の悩みとその克服法

第1章　教師の四つの悩み
――いま、教師はこんなに大変！　17

1　教師の生きがいとつらさ　18
2　教師の受難、四つのパターン　24
3　教師の四つの悩み　①多忙感　28
4　教師の四つの悩み　②子どもとの対応のむずかしさ　31

5　教師の四つの悩み　③保護者の変化と対応のむずかしさ　35
6　教師の四つの悩み　④同僚や管理職との関係のむずかしさ　43

第2章　教師の悩み克服法
――こうすれば、何とかなる！　45

1　「多忙感」克服法　～燃え尽きてしまわないために　46
2　子どもへの対応法　～ルールのなかでふれあいをつくる　52
3　保護者対応　～保護者と関係をつくる　67
〔コラム〕教師は法の専門家との連携を　79
4　同僚・管理職との関係　～弱音を吐ける職員室づくり　80
〔番外編〕教師生活のしのぎ方　いざというときの奥の手！　84
5　救われる教師は「助けられ上手」！　87

第2部　教師のメンタルヘルス

第3章　教師のストレスマネジメント　95

1　教師のストレス　～あなたのストレスをチェック　96
2　メンタルヘルスを保つテクニック　100

第4章　教師が「うつ」になるとき　105

1　うつは教師の勲章　106
2「うつ」ってどんな病気？　110
3　メンタルクリニックやお薬とのつきあい方　115
4　カウンセリングの利用の仕方　119
5　悩みと上手につきあうテクニック　120
6　周りの人がうつになったとき　131

第5章　教師の悩みQ&A　137

第6章　教師を救う！　校長・教頭にできること　159

1　すぐれた管理職が教師を救う！　160

2　親分肌の管理職が教師を救う！　164

第7章　教師を救う！　システム改革　169

1　教師のメンタルヘルス向上に関する提言　170

2　日本の学校の最大の財産、教師のチームワークを守れ！　175

終章　すべての苦しみには意味がある　177

第1章

教師の四つの悩み

――いま、教師はこんなに大変！

1　教師の生きがいとつらさ

この教師受難の時代に、大変ではない教師などいません。それでも多くの先生は、なんとか教師をつづけています。というのも、教師という職業には大きな魅力があるからです。まず、そのあたりから、みていきたいと思います。

教師の生きがい・負担感は……

教師は最高に生きがいのある仕事です。

それを裏づけるように、文部科学省の委嘱調査でも、教師のやりがい意識や仕事に対する満足感が一般企業と比べて高いことがわかっています（次ページ表参照）。いっぽうで、仕事の負担感も一般企業に比べて高いという調査結果が出ました。仕事量の多さや保護者対応（一般企業では顧客対応）への負担感が高い傾向がみられます。あなたの「やりがい度」「負担度」はいかがでしょうか。一二〇ページの表でチェックしてみてください。

仕事や職場での満足感や負担感について

平成18年度文部科学省委嘱調査「教員意識調査」（リクルートマネジメントソリューションズ）より
〔１あてはまらない、２どちらかといえばあてはまらない、３どちらともいえない、４どちらかといえばあてはまる、５あてはまる〕

	教員全体 8059名	一般企業 31538名
1．いまの仕事にやりがいを感じている	4.23	3.44
2．いまの仕事を通じて成長できていると思う	4.24	3.83
3．いまの仕事に誇りをもっている	4.27	3.71
4．いまの仕事で自分らしさを生かすことができている	3.88	3.23
5．いまの仕事は自分に向いている	3.73	3.47
6．いまの仕事で自分の能力を十分に発揮できている	3.56	3.16
7．いまの学校で仕事をすることができてよかったと思う	3.92	3.72
8．学校のほかの教職員から学ぶことが多い	4.16	3.85
9．学校のほかの教職員と一緒に仕事をすることが楽しい	3.97	3.65
10．学校のほかの教職員に恵まれている	3.98	3.69
11．同じような仕事の繰り返しで、マンネリ感を感じている	2.28	2.79
12．いまの仕事は単調で、手ごたえが感じられない	1.85	2.46
13．これまでの知識・経験だけでは対応できないことが多すぎる	3.26	2.88
14．いまの仕事は自分にとって責任が重すぎる	2.77	2.57
15．仕事が忙しすぎて、ほとんど仕事だけの生活になってしまっている	3.75	3.09
16．仕事量が多すぎて、いまのままでは長く続けられそうにない	3.05	2.58
17．児童生徒や保護者とのやりとりで気疲れすることが多い	3.47	2.78
18．職場の人間関係に悩むことが多い	2.48	2.63

仕事や職場での満足感や負担感について

平成18年度文部科学省委嘱調査「教員意識調査」（リクルートマネジメントソリューションズ）より

項目ごとに点数を付けてみましょう。

〔1あてはまらない、2どちらかといえばあてはまらない、
3どちらともいえない、4どちらかといえばあてはまる、
5あてはまる〕

1．いまの仕事にやりがいを感じている
2．いまの仕事を通じて成長できていると思う
3．いまの仕事に誇りをもっている
4．いまの仕事で自分らしさを生かすことができている
5．いまの仕事は自分に向いている
6．いまの仕事で自分の能力を十分に発揮できている
7．いまの学校で仕事をすることができてよかったと思う
8．学校のほかの教職員から学ぶことが多い
9．学校のほかの教職員と一緒に仕事をすることが楽しい
10．学校のほかの教職員に恵まれている
11．同じような仕事の繰り返しで、マンネリ感を感じている
12．いまの仕事は単調で、手ごたえが感じられない
13．これまでの知識・経験だけでは対応できないことが多すぎる
14．いまの仕事は自分にとって責任が重すぎる
15．仕事が忙しすぎて、ほとんど仕事だけの生活になってしまっている
16．仕事量が多すぎて、いまのままでは長く続けられそうにない
17．児童生徒や保護者とのやりとりで気疲れすることが多い
18．職場の人間関係に悩むことが多い

教師ほど生きがいのある仕事はない

人が自分の職業を選択する際に、最も大切な「ここだけは、譲れない！」という価値観や欲求のことを「キャリアアンカー（career anchor）」といいます。

一般に、教師になるキャリアアンカーとしては、次の三つがあげられます。

1．「世間的に信用のある仕事である」

2．「給与が安定している」

3．「生きがい（子どもたちとのふれあい）がある」

私が教師向けに講演をするなかで、よく行う質問があります。

「あなたはなぜ教師になったのですか。また、なぜ、教師を続けているのですか」――教師のキャリアアンカーを問う質問です。このとき、大半の教師は3の「生きがい」のところで挙手されます。

そしてその「生きがい」の中身は、具体的には次の六つです。

1．「子どもたちとのふれあい」……子どもの反応：「先生、大好き！」

2．「学級経営の達成感」……子どもの反応：「このクラスにいられてうれしいな」

3．「授業の達成感」……子どもの反応：「先生の授業は面白くて、もっと勉強したくなるよ」
4．「部活の達成感」……子どもの反応：「先生を中心に部活のみんながまとまって、試合もいい結果が出せました」
5．「学校づくりの達成感」……管理職の反応：「先生方みんなで、力を合わせて取り組んでいただいたおかげで、よい学校づくりができて、感謝しています」
6．「保護者からの感謝」……保護者の反応：「うちの子、遠足でとてもいい経験をさせていただいたようです。ありがとうございます」

キャリアアンカーのなかで、これだけ「生きがい」が重視されている職業はほかにはないでしょう。

「生きがい」が「つらさ」に反転！

仕事が順調にいっているときは、教師という職業は非常にやりがいのある仕事です。ところが、**仕事がうまくいかなくなってくると、すべてがつらさに反転**していきます。

1．「子どもから嫌われる」……子どもの反応：「クソじじい」「クソばばあ」呼ばわり。

2.「学級が荒れ、崩壊に陥る」……子どもの反応：「こんなクラス、やってらんねえよ」
3.「授業はしらけ、教師は漫然と教科書を読む状態」……子どもの反応：「おまえの授業、受けてやってるだけありがたく思えよ」
4.「部活内の目配りが不足していた」……子どもの反応：「先輩にいじめられてばかりいるのに、見て見ぬふりをされた。使えない先生だね」
5.「学校づくりに必要ない存在とみなされる」……管理職の反応：「いつ辞めてもらってもかまわないからね」
6.「保護者からのクレーム」……保護者の反応：「うちの子、先生の授業、つまらないって言ってますよ。いっそ教師を辞めてもらえませんか」

これでは、教師はやりがいが見いだせません。

つまり、喜びは全部つらさにはね返ってくるのです。順調にいっていたときの喜びが大きければ大きいほど、つらさも大きくなるのです。

2　教師の受難、四つのパターン

ここでは、「教師の受難」のパターンを四つ、みていきたいと思います。若手もベテランもバリバリの学校のエースさえも、襲ってくる受難を払いきれずにいます。

①若手教師の受難

緑あふれる五月は、新学期当初おとなしかった子どもたちも、緑の木々のごとくザワザワと騒ぎ出す時期。担任の子どもへの対応や学級運営について、当初は様子見だった保護者も、何かと口を出してくる時期でもあります。

そんな五月に行われた保護者会で、新任の先生が保護者から、「宿題が多すぎるのでは」とクレームを受けました。そこは新任教師のことです。「いまは保護者の対応がむずかしいと聞くし、最初に関係を損ねてはいけない」と思い、校長に相談に行きました。しかし、校長から返ってきたのは思いがけない言葉でした。

「君ね、それぐらいのこと自分で判断できないのか。私たちはプロなんだから、新採でも完成品しかいらないんだ。教師になっても一年目は仮採用なんだから、いつ辞めていただいても結構なんだよ」――私は、こうした管理職の突き放すような言葉をきっかけに、追いつめられていく若い先生をたくさん見てきました。

かっては、「若い戦力ができた」と歓迎されたのが新任の若手教師。若手を大事に育てていこうという風土が、学校全体にあったものです。「自分は学校から歓迎されている、何かあれば助けてもらえる」――こうした安心できる環境のなかで、新任教師は成長していくことができたのです。けれどいまは、「はたして自分は、この学校で大事にされているのか。必要とされているのか」実感できない時代になってしまっているのです。

②学校のエースの受難

最近は、四十代半ばの主任クラスの先生、つまり「学校のエース」がつぶれていくケースが多くなりつつあります。

A先生も、見るからに優秀なベテラン教師。中学校で生徒指導主任をされていました。

A先生は、学校の指導方針を巡り、ある保護者から猛烈に責められたそうです。

しかしA先生は、「自分が矢面に立って、学校を守る」という強い意志のもと、必死に保護者対応を行いました。そのA先生に対して、校長が言ったひとことがこれです。

「いやあ、そんなことまで別にやる必要ないんだよ」

（……いままで俺がやってきたことはなんだったんだ。学校を守ろうと必死にやってきたんじゃないか。校長だって頼りにしてくれていたはずなのに……）

やらせるだけやらせて、問題が起きると引いてしまう。こうした管理職のひとことで、うつの道に入ってしまうベテラン教師も少なくないのです。

③年齢構成差による「できる教師」の受難

現在、首都圏の学校では、団塊世代の大量退職等に伴い、若い教師を大量に採用しています。いっぽうで、教師の高齢化が進んでいる地域があり、平均年齢が五十歳という小学校もあります。いま多くの学校が直面しているのは、年齢構成のバランスの悪さです。若手と五十代が多く、働き盛りの三十〜四十代の教師が極端に少ない学校が多いのです。

B先生は、四十代前半の男性。勤務する学校には、四十代の教師は、自分一人しかいないと言います。するとどうなるか。教務主任の役割も生徒指導主任の役割も進路指導主任の役割も、もちろん、校務分掌上は形のうえではそれぞれ分担しているのですが実質的には、こうした役割をすべて、彼一人で負わざるを得なくなったのです。

彼の帰宅時間は毎日夜（朝）の三時、家を出るのは朝六時……。とうとう燃え尽きてうつになり、休職を余儀なくされました。

④「四十八歳・女性教師」の受難

ある女性教師が、帰りがけに道端で学級の子どもに出会い、「山本君、さようなら」と声をかけました。返ってきた言葉がこれです。

「おまえのつまらない授業受けてやってんだから、ありがたく思えよ」

「ああ、教師なんて辞めてしまいたい」——教師生活に限界を感じ、退職を意識しはじめることが多い年齢は、私のみるところ「四十八歳」です。

「どのクラスでも、とんでもない子どもと身勝手な親が現れる。こんなことを繰り返していたら、あと二、三年しか体がもたない。そうなる前に、辞めてしまおうかな……」

悩みつつも特に独身の先生は、生活費のこともあってなかなか辞められません。肩を落としながら「私はもう、給与のためだけに働いていています」とおっしゃる先生もいます。

3　教師の四つの悩み

①「多忙感」〜根底を流れる悩み

　教師の四つの悩みとは、「尽きることのない多忙感」「子どもとの対応のむずかしさ」「保護者対応のむずかしさ」「同僚・管理職との関係のむずかしさ」です。こうした問題が複合的にからみ合うことで、先生方がつらい状況に追い込まれているのです。

書類の山と格闘する現代教師

　教師が抱える大きな悩み、なかでも、重奏低音のように根底を流れているのが「尽きることのない多忙感」です。某市の教育センターの方からお聞きした話では、「現在の教師の提出書類の量は、九〇年代前半の二倍以上」とのこと。学級経営、保護者対応、校務分掌にあわせて報告書の山との格闘。こと細かに報告書に記入し、常に報告、報告。「書類を書くために教師になったのではない」――こんな声が聞こえてきそうです。

　しかしこうした教師の忙しさを、世間は意外と知りません。

私が講演先のある温泉地で露天風呂につかっていると、年配の男性に声をかけられました。教育委員会に呼ばれて講演に来たのだと言うと、その男性は、言いました。

「学校の先生はいいよなー。夏も冬も、いっぱい休みがあって」――実際、教師に対する世間の認識は、こんなところでしょう。ある先生は言いました。「教師の大変さをわかってもらうには、私たちの様子を一日中ビデオに撮って、見てもらうしかない」と。

「ゆとり教育」は、教師のゆとりから

ある地方の、伝統的な研究校（小学校）では、公開研究発表が行われる二カ月くらい前から、先生方の平均帰宅時間が夜の二時になるという話を聞きました。幼少のお子さんがいる先生は、一度家に帰って夕食を食べさせてまた学校に戻ってくるそうです。

多くの教師はまじめです。学校で問題があればベストを尽くそうとし、管理職もそれを望みます。しかし「限界まで、倒れるまで、がんばる」というのは、あまりいいとは思えません。「ゆとり教育」といいますが、まずは教師の心にゆとりがないと、学級経営もままならず、子どもたちへも影響します。**教師の最大の敵は疲れ**です。**教師自身が自分のからだを大事にすること**が、子どもたちのために何よりも大切なのです。

教師が抱える悩みの現状

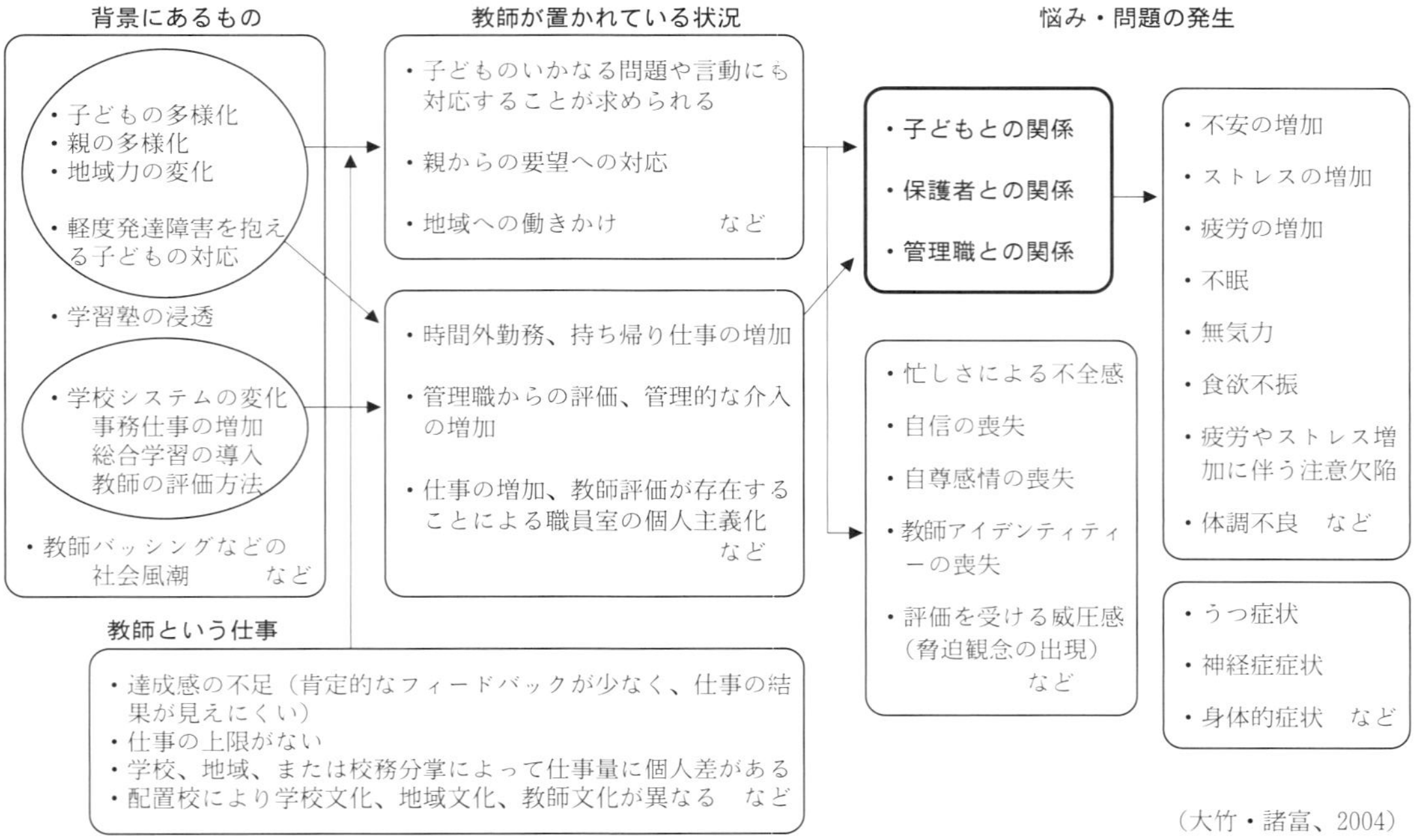
背景にあるもの
・子どもの多様化
・親の多様化
・地域力の変化
・軽度発達障害を抱える子どもの対応
・学習塾の浸透
・学校システムの変化
事務仕事の増加
総合学習の導入
教師の評価方法
・教師バッシングなどの社会風潮　など
教師が置かれている状況
・子どものいかなる問題や言動にも対応することが求められる
・親からの要望への対応
・地域への働きかけ　など
・時間外勤務、持ち帰り仕事の増加
・管理職からの評価、管理的な介入の増加
・仕事の増加、教師評価が存在することによる職員室の個人主義化　など
教師という仕事
・達成感の不足（肯定的なフィードバックが少なく、仕事の結果が見えにくい）
・仕事の上限がない
・学校、地域、または校務分掌によって仕事量に個人差がある
・配置校により学校文化、地域文化、教師文化が異なる　など
悩み・問題の発生
・子どもとの関係
・保護者との関係
・管理職との関係
・忙しさによる不全感
・自信の喪失
・自尊感情の喪失
・教師アイデンティティーの喪失
・評価を受ける威圧感（脅迫観念の出現）　など
・不安の増加
・ストレスの増加
・疲労の増加
・不眠
・無気力
・食欲不振
・疲労やストレス増加に伴う注意欠陥
・体調不良　など
・うつ症状
・神経症症状
・身体的症状　など
（大竹・諸富、2004）

4　教師の四つの悩み
②「子どもとの対応のむずかしさ」～軟体系の子どもたち

いまの子どもは、視線の合わない「軟体系」

「子どもたちが変わった」と私が実感したのは、九〇年代半ばころ。

このころ講演先の九州で出会ったある高校教師の言葉が思い浮かびます。

「いちばん変わったと思うのは……厳しくしかったときの反応ですね。**最近の生徒は、厳しくしかったときに、視線の合わない子が多くなった**ように思います」

教師が生徒の問題行動に対してビシっとしかったとき、以前は面と向かって反抗してくる子どもが多くいました。しかし最近は、反抗しない代わりに、視線を合わせようともしないというのです。

傷つくことが怖いから相手ときちんと向き合わず、最初から逃げてしまう……。フニャフニャ、クニャクニャしていて、まるで**軟体動物のよう**だと。

この話を聞いてから十五年くらいたちますが、ふと見ると、いまの大学生・大学院生にもフニャフニャとした「軟体系」が多いことに気がつきます。

では、なぜ子どもたちが「軟体系」になったのでしょうか。

小学校低学年で学級崩壊が始まったとき、ある著名な教育評論家が、「小学校一年の学級崩壊は、幼稚園で自由保育が主流になったことの影響が大きい」という説を出しました。いわゆる「小一プロブレム」の問題です。

先日、幼稚園で研修会を行った際、この主張について先生方に質問したところ、返ってきたのは次のような言葉でした。

「学級崩壊の問題は、幼稚園が原因ではないと思います。もし幼稚園の自由保育が原因だとしたら、三歳児はどうなりますか？」

小学一年生の子どもたちが椅子に座っていられない原因が、もし幼稚園の自由保育にあるとしたら、まだ入園したての年少さん（三歳児）は以前とそう変わっていないはずです。

しかし実際は、「以前の三歳児とまったく違う」と言うのです。

「どんなふうに違うんですか」と尋ねてみると、実に興味深い答えが返ってきました。

「**最近は、しかったときに、フニャフニャしている視線の合わない子が多くなりました**」

——そう、さきほどの高校教師と同じことを言ったのです。

昔の三歳児は厳しくしかったら体を硬くして硬直していたものですが、最近の三歳児はフニャフニャしている。三歳児からすでに軟体化しているのです。

子どもたちの「フニャフニャ軟体系」への変化は何を意味しているのでしょうか。ひとことで言うと、緊張感に耐えられなくなっているのです。

いまの子どもたちは家庭では、わがままを言い続ければ、結局何でも通ってしまう、許される環境で育っています。緊張場面を体験していないため、緊張することができなくなっている。**緊張場面での耐性の低い子どもたちがすでに三歳までに出来上がっている**のです。

中学校まで変わった

私のみるところ、この五年間で最も変化したのは中学校です。小学校を中心に「子どもたちが変わった」といわれはじめたころも、中学校ではまだ厳しい指導がきく学校が多かったと思います。

いわば「最後の砦」だった中学校がこの五年でかなりゆるくなり始め、**中学生までフニャフニャと軟体化しはじめた**のが最近の特徴です。子どもたちが厳しさを体験する機会は、さらに少なくなるばかりです。

いま、特にビシッとした、厳しい指導重視の先生は、ほんとうにやりにくいと思います。例えば、数学を教える橋本先生が、授業中ふざけている生徒に、「おい、矢部！　静かにしろ」と大声でしかったとします。

このとき、矢部君本人は気にする様子がなくても、同じ学級の別の女子生徒が震えはじめてしまうということがあります。翌日、「橋本先生の授業には出られません。保健室に行かせてください」ということになるのです。

5　教師の四つの悩み　③「保護者の変化と対応のむずかしさ」〜「困った親」が急増！

保護者の攻撃で追い込まれる教師

私は先生方のカウンセリングをするなかで、さまざまな悩みをお聞きしています。そのなかでも、ここ十年のうちに急増したのが、保護者対応の悩みです。

「教師を辞めたい」と訴える先生方のおよそ八割は、何らかのかたちで保護者から攻撃を受けています。

実際に、保護者からの攻撃によって辞職に追い込まれたり、うつになって休職せざるをえなくなる先生方が急増しています。なかには、人間性を強く否定され、心を引き裂かれて、教師を辞めていく方もいます。そうした方は、退職後も、心のダメージを引きずりながら生きていくのです。先生方の無念さを感じずにはいられません。

いまでも八割以上の保護者は、子どもへの愛情もあり、学校とも友好的につきあえる常識人といえます。ところが、一部の親があまりにひどいので、学校現場は混乱し、教師は心に傷を負わされているのです。

「困った保護者」たちの背景と現状

教師や学校に身勝手ともいえる要求をつきつけてくる保護者には、いまの親世代の特徴と社会的背景の影響があるように思います。

いまの親は、華やかなバブル期を経験し、「欲望個人主義」ともいえる心性を身につけた世代。欲求不満耐性が低下しているストレスフルな格差社会にあって、容易にキレやすくなり、学校や教師をストレス発散の吐け口にしていることが多いのです。

保護者が日ごろ抱えている不平不満をだれかに転嫁することで不満を解消して、心の安定を保つのです。かつて聖職者と呼ばれ、長引く不況下でも安定した収入を得ている「いちばん身近な公務員」である教師は、ストレス発散の吐け口にされやすい存在です。

社会的な背景としては、**「学校教育はサービス業」**という考え方の広まりがあります。「学校は教育サービスの提供者であり、子どもや親は教育サービスの消費者である」という感覚が世間に広まりました。自分はサービスの消費者だという感覚になれば、当然クレームも多くなります。

こうした要素がからみ合って、かつては「子どもを人質にとられ、言いたいことが言えない」状態にあった親たちのマグマが一気に吹き出しはじめました。「もう抑えきれない」「言いたいことは言わないとソン！」とばかりに、制御不能の状態で大爆発を起こしているのです。本来、保護者と教師は、手に手をとって一緒に子どもを育てていく「大切なパートナー」です。こうした関係が崩壊してしまいつつあるのです。

以下にお話しする「困った保護者」の実態について、詳しくは次の拙著をお読みください。『モンスター・ペアレント!? 親バカとバカ親は紙一重』（アスベクト）、『子どもより親が怖い　カウンセラーが聞いた教師の本音』（青春出版社）。

①「三〜四時間はあたりまえ」――長時間クレーマー

長時間に渡りクレームを言い続ける親御さんです。私が聞いたなかでいちばん長かったのは、夜の八時に来校されて、お帰りになったのが朝の八時というケースです。そこまでいかなくても、三〜四時間のクレームを経験されている先生は少なくないようです。

親御さんが毎日、夜の十時に教師の自宅に押しかけてきて、帰っていくのが深夜二時半という事例もお聞きしました。この若手の女性の先生には、小さなお子さんがいます。「うちの子ども、泣いていますから……」と言ってもその方は、「あんたの子どもとうちの子ども、どっちが大事なのよ！」と言って帰ってくれなかったそうです。

電話による攻撃もあります。教師の携帯電話に毎日電話をかけてきて、毎回四時間くらい話し続ける……。ある日、たまりかねた教師が「忙しいので」と電話を切ると、その保護者はなんと警察に行き、「私は一生懸命話しているのに、あの先生はいきなり電話を切ったんです。私は傷つけられました」と訴えたというのです。

②存在感をアピールするためにキレる父親

以前でしたら、最初に母親がヒステリックに学校に乗り込んで来て、あとから来た父親が「まあ、まあ、冷静になろうや」と収めてくれるというパターンが一般的でした。けれど、いまは父親が乗り込んでくるとやっかいになるパターンが多いのです。

そんな方によく見られる特徴といえば、「家の中で浮いているお父さん」です。ふだん影が薄いぶん、子どものいじめ、けがなどの問題が発生したときなどは、妻や子どもに対して「お父さんも、やるときにはやるんだぞ」と自分の存在感をアピールするために、ここぞとばかりにがんばります。

「うちの子が学校に行きたくないって言ってるぞ。担任を出せ！」

「学校でけがをしたじゃないか、どうしてくれるんだ！」

「通知票の音楽の評価がおかしい。点数をつけ直せ！」

「うちの子が徒競走で負けたのは審判がおかしいからだ。もう一回運動会をやり直せ！」

こうした、とんでもない父親が増えてきたのが最近の傾向です。

③「何でも教師まかせ」――依存的な親

小学校のある先生あてに、学級の子どもの父親から一本の電話がありました。

「先生、娘の友達が家の車の前でボール遊びをしていて、愛車にボールがぶつかって傷つかないかとひやひやしています。注意してくれませんか」

先生が「なぜご自分で注意されないんですか」とお聞きしたところ、「私が注意してしまうと、私が子どもから嫌われてしまうから」と言われたそうです。つまり、自分が子どもの友達を注意すると、子どもが友達から嫌われて遊んでもらえなくなり、それによって父親自身も子どもに嫌われてしまうというわけです。

「うちの子は、箸もまともに持てないじゃないか。どういう給食指導をしているんだ」

「妻は洗濯物の干し方を知らないんです。家に来て、干し方を教えてもらえませんか」

こういった、「何でも教師まかせ」の親が増えています。

④金銭を要求する親

最近は、学校や教師に金銭を要求する親も多くなりました。

子どもに問題行動があり、相談するために教師が保護者を呼んだときのこと。「先生、私、ここに来るためにパートを三時間も早く抜けてきたんです。その分の時給を請求させてくれませんか」と、時給を請求されたというのです。

学校で学級の子どもがけがをしたので、先生が病院に連れて行ったときのこと。「先生、あの病院は家から少し遠いんです。これから五回通院するにはタクシーを使わなければいけません。五回往復分のタクシー代を学校で払ってもらえませんか」

少し前なら考えられない方々です。これも、長引く不況や格差社会の影響でしょうか。

このほか、「うちの子が何で白雪姫の役じゃないんだ」といった「わが子しか見えない親」や、やみくもに言いがかりをつけてくる「ストレス発散系の親」もいます。

「困った親」の集団

モンスターペアレントは数が集まり、軍団と化することによって、とんでもない攻撃力・破壊力を発揮します。最初は一人の「困った親」が騒ぎ出すのですが、しだいに周囲を巻き込んでことを大きくし、徹底的に一人の教師を追い込んでいきます。

さて、「困った親」の集団は、しばしばファミリーレストランで誕生します。

ドリンクバーで一杯目、二杯目までは「最近お子さんどうしてる？」などと家族や趣味のお話で盛り上がりますが、三杯目あたりでだんだん教師の悪口になってきます。

「ねえ、今度の担任、ちょっとさえなくない？　何か、どんよりしてるしさあ～」

「どーんよりしてる。あの先生じゃ、子どもたちも、元気奪われちゃうよねぇ」

「あのさ……、仕方ないから、辞めさせちゃおうか」

「辞めさせちゃお！」

一人一人はあまり問題にしていなかった場合でも、集団意識というのでしょうか、大勢で話しているうちに「教師についての重大な問題」がファミレスで「生産」されるのです。

ファミリーレストランから帰ったあとは、メーリングリストで教師の悪口大会は続きます。ターゲットの教師は「超ダメ教師」に仕立て上げられ、あっという間に包囲網が出来上がるのです。

相手が一人の場合なら、話にじっくり耳を傾ければ、その親なりのそうせざるを得なかった屈折した心情が読み取れることが多いのですが、軍団となると、話は別。特定の教師をターゲットにしたときの親集団のサディスティックな言動は目に余るものがあります。「この先生を辞めさせるまでは、手段を選ばない」と「クビ狩り族」と化した「困った親」集団に追いつめられ、心の病になってしまったうえで辞職された先生方を、私は何人も見てきました。

ターゲットになりやすい教師とは

小学校の先生で、特に保護者からの攻撃の**ターゲットになりやすいのは、二十代と五十代の女性の先生**です。

二十代の先生は、「まだ子どもを育てたことがないくせに、何がわかるの」と若さと経験不足を理由に責められます。

五十代の先生は、いまの親世代と価値観が合いません。「……そうは言ってもお母さん」などとつい説教口調になってしまうため、これに保護者が反感を覚えるケースが多いのです。学級経営でも、教条主義的になりがちで「特例」を認めるのが苦手なため、子どもを追いつめてしまいやすいようです。そこで保護者から、「感覚が古くて、頭が固いから、いまの子どもに対応できていない」などと言われてしまうのです。

6　教師の四つの悩み
④「同僚や管理職との関係のむずかしさ」～冷たい職員室

「親分肌の校長」が激減！

最近、学校の先生方のチームワークがほんとうに変わりました。

管理職については、「**親分肌の校長が減ってきた**」と多くの先生が嘆きます。昔の校長は学校行事の前に、「みんな、自分の信念で好きにやってくれ。何かあったときの責任は私がとる」などと言ってくれたそうで、先生方もやる気が起きたと言います。

しかし最近では、「みなさん、ご自分の思いでやられるのは結構ですが、責任はどうぞご自分でとってくださいね」――こうした校長のもとで、教師のチームワークが崩れてきたのです。教師同士でお互いに支え合えれば、たいていのことはどうにかなるものです。

教師のチームワークが崩れてきたことに、私は大変な危機感を覚えています。

学級が荒れてきたり、保護者対応に困っていても、職員室は殺伐とした雰囲気で、相談したり、弱音を吐ける相手がいない。こうして孤軍奮闘した教師が、うつになって休職したり、敗北感を抱えながら教職をあとにする……。私のカウンセリングルームを訪れてくださった先生にも、そんな方たちがたくさんいらっしゃいます。「やはり退職することにしました」――ごあいさつにみえた寂しそうな後ろ姿を、何人見送ってきたことでしょうか。

いっぽうで、「うつの先生が大変なのもわかりますが、残された私たちも仕事が増えて大変なんです」とおっしゃる先生がいます。これは、うつで休職されている先生にとっては、とてもつらい言葉です。好きでうつになったわけではないのですから。しかし、残された先生が大変なのも事実。うつになった先生も、残された先生も大変なのです。

私はこういう先生を責める気はありません。仲間がうつになっても思いやる余裕がないのは、本人の責任ではなく、**学校のシステムに余裕がなさすぎるせい**です。

さて、教師の四つの悩みをみてきました。これらが複雑に絡み合っているわけです。

書類が多く、とても忙しい。子どもは扱いづらく、学級経営が一筋縄ではいかない。加えて保護者がさまざまな要求を突きつけてくる。頼みの綱であるはずの職員室の雰囲気は、冷えきってしまっている……。これで教師のメンタルヘルスがおかしくなってくるのです。いま多くの教師は、この「四重苦」を味わっているのです。

第２章 教師の悩み克服法

——こうすれば、何とかなる！

1 「多忙感」克服法 ～燃え尽きてしまわないために

完全にオーバーワークで、バーンアウトしてしまう教師は少なくありません。そうならないための「多忙感」克服法をみていきましょう。

スローダウンのコツを学ぼう

多忙感の克服には、まず、**上手にスローダウンするコツを覚えることが大切**です。つぶれていった先生の多くは、こう言います。

「私、ブレーキがきかないほうですから」

一生懸命やることはもちろんいいことです。ただし、ひたすら一生懸命突き進んだ場合、いい波に乗れているときは大きな生きがいになるのですが、悪いほうに向くとすべてが反転してつらさが倍増します。

常に全速力で走り続けるのは事故のもと。途中でガソリン切れにならないよう、心のエネルギーのメーターを見ながら、少しゆっくり走ることを覚えましょう。

「助けられ上手」になって、バーンアウトを予防！

忙しい先生のなかでも、特に多忙極まりないのが、管理職から優秀とみなされた三十〜四十代の主任クラスの先生方です。この年代の教師は、圧倒的に数が少なく、さまざまな役職が集中的に回ってきてしまうため、睡眠時間が三〜四時間、ついには燃え尽きてうつに……という方も少なくありません。

多くの仕事を一人で担っている方は、まずご自分を振り返ってみましょう。

「自分は一人でできるはず」「大変だけどやってみせる」と、優等生になりすぎていませんか。

また、仕事を抱え込む人の多くは、イラショナルビリーフ（非合理的な思い込み）をもっています。

「主任であれば、これだけの仕事はこなせて当然だ」

――けれど、自分の現状をみてみましょう。限界がきていませんか。こういうときは、

「できるだけ仕事をこなせるに越したことはないけれど、だれにでも限界はあるものだ」

という無理のないビリーフに変えてみることです。

次におすすめしたいのは、**学年会などで援助を求める**こと。

「私は、いまこれだけの仕事を抱えていて、毎日深夜までかかって取り組んでいますが、やはり体力的にもう限界です……。少し手分けしてもらえないでしょうか」

「人に助けを求めるなんて……」と思う人もいるでしょう。

こんな方は、「他人に助けを求めるのは、ダメ人間のすることだ」というイラショナルビリーフをもっています。

いまの時代、**教師を続けるために大変重要となるのが、助けられ上手になること**、「**助けを求める力**（被援助志向性）」**を身につけること**なのです。この能力が、バーンアウトを予防し、メンタルヘルスを保つために、最も重要な教師の能力の一つなのです。

校長か教頭の、話しやすいほうに相談してみるのもいいでしょう。

このとき、相手に「何言ってるんだ、主任だろう」などと根性論で返されないよう、自分がいま抱えている仕事を前もって紙に書いておき、リストにして説明するといいと思います。

管理職に話しづらい場合には、**校長か教頭と親しい同僚に話をする**という手もあります。

すると、同僚から「あの先生、仕事量多すぎませんか」などと管理職に話してくれる可能性があります。そして、管理職が「確かにやりすぎだ。仕事を減らさせよう」と考えてくれたら、とても楽になれますよね。

就寝時間を厳守する

睡眠不足は教師の大敵。夜、布団に入る時刻と、自分が気力・体力ともに回復できる睡眠時間をあらかじめ決めておきましょう。

例えば、十分に疲れがとれる睡眠時間は六時間半必要で、朝六時半に起床しなければいけないのであれば、布団に入る時間は、夜十二時と決めておくのです。決めたなら、どんなに忙しくても、**就寝時刻と睡眠時間は必ず守る**ようにするのです。

また、寝酒は禁物。日本人は寝酒に頼る人が圧倒的に多いのですが、就寝前のお酒は睡眠を浅くします。

「寝る前になると、つい考えごとをしてしまい、眠れなくなる」――そんな人は、クリニックで睡眠導入剤を処方してもらいましょう。日本人は睡眠剤への偏見が強いのですが、欧米では睡眠剤と上手につきあうのは常識です。

私のレジャースケジュール

●あなたが、この1週間にやってみたいレジャーを書きましょう。

●あなたが、この1カ月にやってみたいレジャーを書きましょう。

●あなたが、この1年にやってみたいレジャーを書きましょう。

●あなたが、生きているうちに一度はやってみたいと思うレジャーを書きましょう

遊び・休息のノルマ化を

多忙極まりない教師の仕事は、どこかで区切りをつけなければ際限がありません。休日も家で仕事……という先生も多いと思います。まじめな教師は、自分自身に仕事のノルマを課したがります。

そんな先生たちにぜひおすすめなのは、遊びのノルマ化です。

例えば、週に一回はDVDで映画を観る。月に一回は寄席やお笑いライブに行って思いきり笑う。年に一回は海外

旅行をする……などなど。週単位・月単位・年単位・生涯単位で、**遊びと休息のスケジュールを立て、それをノルマ化する**のです。

一度きりの命を大切に！

私は全国で講演を行っている関係上、現地の教育長さんとお会いする機会がたくさんあります。

教育長さんには、行政上がりの方と現場上がりの方がいますが、現場上がりの方のほうが明らかに老けています。現場でのご苦労のあとがにじみ出ているようです。

中学校の校長は定年後三〜四年、教頭経験者で六〜七年、一般教師は十二〜十三年で亡くなる方が多いと、ある地域の指導主事さんから伺ったことがあります。

人生は一回なのです。日ごろから子どもたちに命の大切さを教えている先生方にも、自分の命を大切にしてほしい。

自分の命が長持ちするように、大切に生きることが教師としての使命です。突っ走るだけがいい教師ではないのです。

2　子どもへの対応法　～ルールのなかでふれあいをつくる

「リーダーシップ」と「カウンセリングマインド」のバランスが大事

学級づくりにおいて、教師に求められる基本的な姿勢は、①リーダーシップと②カウンセリングマインドです。社会学では、パフォーマンス（P）とメンテナンス（M）と呼ばれます（PM理論）。

リーダーシップとは、「先生はこのクラスをこんなふうにしたいんだ。みんなも協力してほしい！」と子どもたちに目標を提示し、熱いメッセージを発して、ぐいぐい引っ張っていく力のことです。

しかし、一方的に引っ張るだけでは、子どもたちはついてこなくなります。そんなとき、ソフトに子どもを受容する力（カウンセリングマインド）が必要になってきます。

例えば、リーダーシップ型のパワフルでビシッとした教師の学級は、ともすると圧力負けして、静かだけれど活気がない学級になりがち。いっぽう、カウンセリングマインド型のやさしいタイプの教師の学級は、活気はあるけれどまとまりがなくなりがちです。

言いかえると、「指導と援助のバランス」を上手にとることが重要なのです。とはいうものの、

「私は子どもを受け止めてあげることをいちばん大切にしたい」

「ものの善悪をきちんと教えて、指導することがいちばんだ」

――学級へのかかわり方には、個々の先生、それぞれの考え方があります。そのポリシー（哲学）と自分の個性を大事にしつつ、バランスをとっていくことが大切です。

指導と援助のバランスをとるためには、自分に合った心理技法を学ぶことが必要です。

リーダーシップ型の先生にはソリューション・フォーカスト・アプローチ、カウンセリングマインド型の先生にはアドラー心理学が特におすすめです。

ソリューション・フォーカスト・アプローチ

まず、リーダーシップ型の先生におすすめしたい心理技法、ソリューション・フォーカスト・アプローチ（ＳＦＡ：解決志向アプローチ）をご紹介します。

子どもの問題が、たとえ幼児期からの家庭環境にあるとわかったところで、過去に戻っ

てその子を最初から育て直せるわけではありません。原因に目を向けると、「この子の場合、家庭がね……」と、無力感にとらわれてしまうことが多いのです。

ではどうしたらよいのでしょう。

「原因探し・犯人探し」はやめて、「できること探し」に徹する。それが、ソリューション・フォーカスト・アプローチの基本的発想です。問題ではなくて、その子がもっているよさや持ち味（リソース）に目を向けるのです。

「ある生徒指導の達人」のエピソードをご紹介しましょう。

以前、その先生が勤務されていた学校で窓ガラスが六枚割られたときのことです。

「ケンイチ、俺に何か言うことないか」

「先生、すいませんでした」

「まあいいや。ところで、おまえに聞きたいんだけどさ、どうして今日は六枚くらいでやめたんだ」

「えっ？……いや、そろそろやめておこうかな〜って思って」

「そうか……そろそろやめようと思ったんだな」

「はい」

「あのな、そういうのをな、自制心っていうんだ。ケンイチは自制心のあるいい子だぁ！」

ケンイチ君、窓ガラスを割ってほめられたのは初めてでした。うれしくなった彼は、あとで割ったガラスのところに先生を連れていったそうです。

「先生、俺、適当に割ってるわけじゃなくて、ヒビが入っているのを選んで割ったんだ」

「そうか。……こんな小さなヒビまで……。ケンイチは観察力があるなぁ」

このように子どもたちの「**すでに、できているところ**」（**リソース**）**を探して解決の糸口とするのが、ソリューション・フォーカスト・アプローチ**です。

ケンイチ君はこのあと、学校に迷惑をかける行動がぐっと減ったそうです。

不登校の対応でも同じです。

例えば、週に一回しか家の外に出ない子どもがいたとしたら、「週に一回しか出られない」とみるのではなく、「週に一回外に出ることができる」とみる。そして、その回数を少しでも増やそうとしていくのです。

子どもの性格についても同様です。

「この子は柔軟性がなくて、一つのことに固執していつまでもやっている」とは考えず、「一つのことにコツコツまじめに取り組むことができている」と考えるのです。

できることに着目して、そこを伸ばしていく発想が、ソリューション・フォーカスト・アプローチにはあります。

子どものやる気とパワーを育てるかかわりのコツ　～アドラー心理学「勇気づけの技法」

アドラー心理学は、現場教師に私がいちばんおすすめしているアプローチの一つ。何よりも、**あたたかくてポジティブ。子どものやる気とパワーを育てる視点が豊富に含まれている点が魅力的です。**

アドラー心理学は、「勇気づけ（encouragement）の心理学」ともいわれています。「勇気づけ」とは、ひとことで言えば、子どもに「自信とやる気とパワー」を育てるためのポジティブなかかわりのことです。「僕なんてダメ」と自信を失っている子どもに対して、「僕にもできる！」と自信をもつことを援助できれば、勇気づけができたことになります。

先生方は、日ごろ子どもたちに、こんな言葉かけをしていないでしょうか。

「どうして、できないんだ！」

「何度言ったらわかるんだぁ！」

――こんな教師のひとことが、子どもの心を傷つけ、やる気を奪っています。教師は子どもを奮起させようと叱咤しているつもりかもしれません。けれど、多くの子どもはやる気をくじかれてしまいます。実際、私がカウンセラーとして子どもの話を聴いていると、彼ら彼女らの心に担任や部活の顧問の先生のちょっとした言葉がどれほど影響しているか、ひしひしと伝わってきます。

「何度言ったらわかるんだ」といった叱咤式はいまの子どもには通用しません。しかし、腫れ物に触るような接し方をしていると、子どもに振り回されてしまいます。

こんなとき、アドラー心理学の「勇気づけ」が参考になります。

例えば、廊下でゴミを捨てた子どもがいたとき、「こら、何やってるんだ！」などとしかれば、「僕じゃないよ、前から落ちてた」などと、シラをきる子が出てきます。

そうではなく、「先生は、学校をきれいにするのに協力してほしいな」と、毅然とした雰囲気で言うのです。

そして拾ってくれたら、「ありがとう、先生うれしいな」と伝えましょう。このほうが、いまどきの傷つきやすい子どもには効果的。頭ごなしに怒れば、逆ギレするか心を閉ざすばかりです。

子どもに勇気を与える言葉「君のことが必要だ！」

もう一つ、先生方におすすめの言葉をご紹介しましょう。「君のことが必要だ！」というメッセージです。

いまの子どもたちは総じて自己肯定感が低く、くじけやすいのが特徴です。特に非行傾向のある子どもは「どうせ俺なんて」「どうせ私なんて」と思っています。こういう子が、あなたの学級にいたら、しっかり目を見てこう言いましょう。

「リュウイチ、先生はなあ、いまこういう学級をつくろうとしているんだ。そのためにはなリュウイチ、**おまえの力がどうしても必要だ。**力を貸してくれないか」

「君のことが必要だ」という熱いひとことが、その子の人生を変えることもあるのです。

「人を傷つけてはいけない」というルールの徹底を

「どんな学級がいい学級か」、私の考えは、次の二つです。

①ルールに守られた安心感のある学級であること。②お互いを認め合えるポジティブな雰囲気の学級であること。この二つが学級経営の要になります。

学級育成、集団育成の基本原理は、「ルール」と「ふれあい」。「**ルールに守られた安心感と、心のふれあい**」と考えていいでしょう。これは、Q―Uで有名な早稲田大学の河村茂雄教授によって、統計データを使った研究で検証されています。

いつルールが破れて自分がいじめられるかわからない学級では、子どもたちは安心感がもてません。安心感を得るためには、ルールが必要なのです。

最も重要なルールは、「人を傷つけることは言わない」――この一つが守られるだけで安心感がぐっとアップします。

さて、ある小学校五年生のクラスで、エンカウンターのエクササイズ「十年後の私」の最中にこんな出来事がありました。ある女子が十年後の自分について発表しました。

「十年後の私は、できればアイドルタレントになっていたいです。ＡＫＢみたいなグループに入れたらいいな」

それを聞いた同じグループの男子がちゃかしました。

「質問です。なんでなれると思うんですか。そんなにデブでブスなのに～」

言われた女の子は、これがきっかけで不登校になってしまってもおかしくありません。

「**人を傷つけることは言わない**」――**このルールを、教師は、繰り返し繰り返し、伝え**

ていく必要があるのです。

エンカウンターで「人を傷つけない」ルールづくり

おすすめのエクササイズに「**ニコニコさんとチクチクさん**」があります。

どんな言葉・行動・表情をされると心がニコニコになるのか、チクチクするのかを一緒に考えていくことで、人と自分の違いに気づきます。自分には平気なことが、人にとっては傷つくこともあるからです。何が人を傷つけるかに気づくことで、人権教育にもつながります。これによって「相手を傷つけることをやめよう」という雰囲気を学級の中に育んでいくことができます。

こうしたエクササイズを行いながら、人を傷つけることを言わない学級をつくっていきましょう。

「ニコニコさんとチクチクさん」『自己表現ワークシート』（大竹直子　図書文化社）

ニコニコさんとチクチクさん

私たちは，まわりの人の表情《ひょうじょう》や言葉でうれしくなったり，悲しくなったりすることがありますね。
「ニコニコさん」は，思わずニコニコしてしまうような，うれしくなったり，こころがあたたかくなる言葉や表情や行動などです。
逆に「チクチク」は，こころがチクチク痛《いた》むような，悲しくなったり，がっかりしたり，イライラしたりする言葉や表情や行動などです。
あなたにとっての「ニコニコさん」と「チクチクさん」は何ですか？　思いつくままに書いてみましょう。

感じたこと・考えたこと

実施日　　　年　　組　　番
名前

No.10

「ニコニコさんとチクチクさん」エクササイズの進め方

〔導　入〕

子どもたちの気持ちが落ち着いているのを確認後、導入文を読む。「ニコニコさんとチクチクさん」の言葉を、子どもたちが理解できているかどうかを確認する。また、例を読みながら、「○○さんが〜するとき」のように、個人の行動を書くのではないことを伝え、個人攻撃される子どもが出ないように配慮する。

〔展　開〕

子どもたちが、安心し集中して書けるように、静かに見守る。終わり近くになったら、「もう一度、自分の書いたものを見てみよう。『自分にとってのニコニコさんとチクチクさんはこんな感じかな？』と確認してみよう」と呼びかける。

〔まとめ〕

　グループに分かれてシェアリング（わかちあい）を行う。「友達の書いたものを悪く言ったり、からかったりしない」「ニコニコさんとチクチクさんは、みんな一人ずつ違うと思います。だから、友達の意見が自分の意見と違っていても、否定せずに、大切に話を聞きましょう。どの意見も大切に、グループ用のシートに書いていってください」と伝える。

　そして、シートをグループ用に一枚ずつ配り、グループの意見をまとめる。

その後、クラス全体のシェアリング（グループごとに発表）をしてもいいし、シェアリング後、一人一人シートに感想を書くのもいいでしょう。

「人の話を最後まで聞く」ルールの徹底を

「人を傷つけることは言わない」のほかに、もう一つ重要なのが、**「人が話しているときは、黙って最後まで聞くようにする」**というルールです。

この二つのルールを守らせるだけで、ずいぶんいい学級ができると思います。

私はいろいろな学級を見てきましたが、ある子が発言している最中に、「先生、それは違うと思います。私はこう思います」という発言を許容してしまう学級、つまり、「他人が話しているときに黙って最後まで聞けない」学級は、数カ月後、荒れてくることが多いように思います。

いっぽう、最後まで黙って相手の話を聞き、聞き終わったらいっせいに「ハイ！」と挙手する――こういうルールが守られている学級が荒れていくことはあまりありません。

ルールは「～するな」ではなく「～しよう」と肯定形で

子どもたちにルールを守らせるためには、伝え方にコツがあります。

「～してはいけません」と禁止・命令形で伝えるのではなく、逆に、「こうしてほしい」

という行動を、①具体的に、②肯定的に伝えることです。

ある小学校は廊下が長く、そのため廊下を走る子がなかなか減らずに困っていました。

そこで、「走ってはいけません」と書いてあった貼り紙を「ゆっくり歩こう」に変えたところ、これだけで走る子がずいぶん減ったというのです。

エンカウンターで、ふれあいのある学級づくり

いっぽう、「お互いを認め合える、あたたかい学級づくり」のために、おすすめのエクササイズには、**「がんばり見つけ」「よいところ探し」**などがあります。（國分康孝監修『エンカウンターで学級が変わる　小学校』図書文化）
例えば、「がんばり見つけ」を、遠足や体育祭、合唱コンクールなど、行事のあとごとに、年間六回程度行うだけでもかなり学級は育ちます。
「がんばり見つけ」は、自分の班のメンバーに、その人の「がんばっているところ」を見つけてカードに書き、伝え合うというエクササイズです。
こうしたエクササイズを行事のあとごとに行うのです。かかる時間は、最初は一時間必要でも、慣れてくると説明の時間がはぶけるため、帰りの会を二十分延長するくらいでで

きるようになります。これを年間通して行うだけで、お互いを認め合える、あたたかい学級づくりができると思います。

「**ルールが守られている安心感があり、傷つけられる心配がない。そのうえで、お互いがお互いを認め合える、あたたかい学級づくり**」

これが学級づくりの基本です。しかし、実際はなかなかむずかしいものです。

さて、読者の先生方、ご自分の学級実践を振り返ってください。みなさんの学級の子どもたちはどうでしょうか。

「先生、ショータ君がまたあんなこと言ってます」というふうに、ほかの子どもの悪口を言いに来る子どもがたくさんいないでしょうか。もしかすると、その子どもたちは、「先生はしかるのが大好き。そのネタを提供してあげると先生が喜ぶから」という気持ちで、クラスの仲間の悪いところを教えにくるのかもしれません。

この場合、先生が「ガミガミ先生」になっているのかもしれません。「**子どもは教師の鏡**」——そう思ってご自分を振り返ってほしいのです。子どもたちが先生に、ほかの子の「いいところ」をたくさん教えてくれる「ポジティブ学級」をつくりたいものですね。

3　保護者対応　〜保護者と関係をつくる

「困った親」予防にはエンカウンター

「困った親」を生み出さないためにいちばん大切なのは、教師と保護者の信頼関係です。教師は自ら積極的に、親との信頼関係づくりをしてほしいと思います。

ではどうすればいいか。

教師にとって、親との関係をつくる絶好のチャンスが保護者会。この機を逃す手はありません。

保護者会でエンカウンターを行うことにより、教師と保護者、保護者同士の関係づくりができ、「困った親」を減らすことができるのです。

エクササイズ「私の大切なもの」

私がおすすめするエクササイズは「私の大切なもの」と「さいころトーキング」です。

「私の大切なもの」は、自分が大切に思っているものに関して、四人グループで一人五分ずつ、語っていただくエクササイズ。子ども、夫、趣味、読書、ペット……なんでも構いません。保護者の中には子どもとの関係がうまくいっていない人もいるので、「うちの子どものいいところ」などに、**話題を限定しないほうがいい**のです。子どもの話をしたい人はする、したくない人は別の話ができる、なんでも話せるテーマがいちばんです。

エンカウンターでは、まず教師がお手本を示しますが、教師のなかにはお子さんがいない方もいます。子どものことに限定すると、教師がお手本が見せられないこともあるので、そのためにもテーマは広く設定したほうが無難です。

「さいころトーキング」は、例えば、一の目が出たら好きな食べ物、二は好きな場所、三は好きなテレビ番組、四は好きなタレント、五は好きな本、六はうちの子どものいいところなどと出た目の数によって、話す内容を設定したうえで話してもらいます。

いずれの場合も、**人数は四人一組**。保護者は話すのに時間がかかるので、五人だと時間をとりすぎます。しかし三人では、二対一に分かれてしまうことが多いのでおすすめできません。時間は一人五分がちょうどいいようです。

次のポイントは、一人の保護者が長々と話したりするのを避けるために、**教師が時間を**

仕切ること。一人の持ち時間が終わったら、「はい、一番の方のお話、終わりです。拍手〜」と言って拍手で時間がきたことを知らせます。タンバリンやホイッスルを使う場合もありますが、**いちばんのおすすめは拍手。**保護者のエンカウンターはたいがい盛り上がるので、音を合図にしようと思っても耳に届きません。その点、自分で拍手をすれば、どんなに話が止まらない方でもさすがに止まります。しかも、自分で拍手をするので、無理矢理止められた気にならずにすみます。「私の話、つまらないと思われていないかしら」と気にしていた人も、周囲の人に拍手をされるとほっとする効果もあります。

保護者対応の原則は、マメであること

私がまだ大学院生だった二十年くらい前のこと、私の恩師である國分康孝先生とお酒を飲んだとき、こんな話が出たことがあります。

國分「保護者や子どもたちと信頼関係がつくれる教師は、若いころ異性にもてたやつが多いと思うなあ」

諸富「先生、なぜですか」

國分「人間関係をきちんとつくれる人にはマメな人間が多いよな。マメな人間はだいたい

異性との関係が持続するもんだ。……ところで、諸富、おまえはもてるのか？」

諸富「……」（苦笑）

学校で一人か二人、保護者からのクレームが集中する先生がいます。こういった先生にはずぼらな先生が多いのです。

例えば、「先生、うちの子、クラスでいじめられている気がするんです。様子をみて電話をいただけませんか」という保護者からの電話があったとします。あなたは、いつ電話しますか。①その日のうち、②三日以内、③一週間以内。

ぜひ、**「その日のうち」に連絡してほしい**と思います。

子どもがいじめられているかもしれないとき、保護者は気が気ではありません。でも、「お電話ください」と催促の電話をしてしまったら、うるさい親と思われて内申書に響かないかしら」などと気になりながらも言い出せないでいるのです。

マメな対応は、保護者を安心させます。報告内容が見つかったら連絡する、のではなく、「マメに連絡をとりますよ」という姿勢を見せることが大切。留守番電話でもいいので入れてください。「お子さんのこと、ちゃんと見てますよ。また電話しますからね」という姿勢が安心感を与えるのです。

歯を出して笑える先生になろう

「上品なおすまし先生」も「困った親」の標的になりやすいものです。

ある私立の幼稚園に、「うちはクレームが多い幼稚園なんです。一度見に来てくれませんか」と呼ばれて伺ったとき、行ってみてすぐにわかりました。小顔で鼻すじの通ったおすましした感じの美人の先生が多いんですね。顔の整った美人は、教師としては大きなハンディを抱えていることになります（笑）。それは冗談として、おすましはいけません。声を出して、歯を出して、手をたたいて笑うこと。**気さくな雰囲気を醸し出しましょう。**

保護者との関係づくりを十分に

次に、クレーマーへの具体的な対応策をお話しします。

学校に批判的な親に対して、まじめな教師ほど正論で説得しようとする傾向がありますが、親のほうとしては「どうしてわかってくれないの」と被害者感情を募らせてしまいがちです。大切なのは心をこめてじっくりとお話をお聞きすること。「この先生は信頼できそうだ」という気持ちを抱いてもらえるまで、**信頼関係づくりに徹することが重要**です。

関係づくりが十分にできたところで、「一緒に考えていきましょう」と、共に問題解決を考える姿勢を打ち出していきます。さらに十分な信頼関係ができたら、「学校としては一つだけお願いがあるのですが……」と学校側の要求を切り出していくのです。

クレーマーにはおもてなしの心で

保護者対応でいちばん大切なのは、「おもてなしの心」です。クレーマーには、被害者感情や不遇感が強い人が多く、「私はもっと大事にされるべきなのに、大事にされていない」という気持ちを抱きがちなのです。

私は、さまざまな職種のクレーム対応係の方にお話を聞きました。新聞社の苦情担当者、デパートの苦情処理係、銀行の苦情処理係……。みなさんが口を揃えておっしゃるのが、「**おもてなしの心で、何かを教えていただくという気持ちで接するしかない。あとは持久戦です**」ということです。ただ学校と違うのは、銀行でも新聞社でも苦情専門の係が必ずいて、一年でほかの人と交代するそうです。それ以上はもたないというわけです。

そう考えると、これだけむずかしい子どもも親も多い時代になったいま、クラス替えは毎年行うほうがリスクの軽減につながるといえそうです。

諸富式「保護者対策マニュアル」八つの法則

さて、保護者がクレームをつけに来たときにどうするか。具体的にお教えしましょう。

①必ず、一人ではなくチームで動くこと！

むずかしい保護者には、一人で対応してはいけません。必ず二人以上で対応すること。これは、ベテラン教師であろうと、若手であろうと、同じ鉄則です。一人で動くと親に振り回されることになりがちですし、事件にも巻き込まれやすくなります。自分の身を守るためにも、必ず二人以上で対応しましょう。

②場所と時間の原則を守る。自宅や携帯の電話番号は教えない

私たちカウンセラーは、例えば、「木曜日の五時から五時五十分まで第一面接室でお会いしましょう」と時間と場所を設定したら、その場所・その時間以外はクライアントの方とお会いすることはしません。

教師の保護者対応においても、**時間と場所の枠組みをきちんと設定することで、「自分の身を守る」**ことができます。学校以外では会わないようにし、また、面談の時間も最初から言っておくのです。例えば、保護者が夕方の六時に来るとすると、「今日は七時から

用事があるので、一時間しかお時間がありません」と、最初に言うことが肝心。場所と時間の枠を教師が主導権を握って設定しておくことがとても大切です。

また、保護者に携帯番号、自宅の電話番号や住所を教えてしまうと、何時間も電話をかけてきたり、実際に家まで押しかけてくることもあります。**面談は学校で、電話も学校でしかとらないという原則を守る**こと。保護者に自宅の電話番号や住所を教えてしまったがために家庭崩壊に陥った教師を、私はたくさん知っています。

いまだに「連絡網」と称して教師の自宅や携帯の電話番号を保護者に伝えている学校も二～三割あるようですが、これはやめにしましょう。自宅の住所も伝えるのはやめて、子どもへの年賀状も学校の住所で出すようにしましょう。これが「自分の身を守る」ことにつながります。

③玄関までお迎えに行く

おもてなしの心・その一は、お出迎えです。突然来られた場合でも、「予定があるので」などといった**門前払いは絶対にせず**、足を運んでくれたことへの労をねぎらいます。そして、応接室など、冷暖房のきいた居心地のいい部屋にご案内しましょう。

④冷たいお飲み物と甘い和菓子を出す

「客として、もてなされている」と思っていただくために、重要なのがお茶とお菓子。デパートの苦情係の方から聞いたところでは、「**夏でも冬でも冷たいお飲み物をお出しする**」ということです。つまり、飲み物でクールダウンしてもらうのです。逆に出してはいけない飲み物はホットコーヒー。カフェインの作用で相手をシャキっとさせてしまいます。あとは、心がなごむようなほっかりした和菓子。おまんじゅう系や甘めのお菓子を用意すると気持ちがなごんでいいでしょう。

⑤応対する人数は保護者の人数プラスワン

例えば、母親が一人で来られた場合は、担任と学年主任の二人で応対します。父親も一緒に両親で来られたなら、できれば校長か教頭も入って、教師三人で応対しましょう。人数が多ければいいというわけではありません。例えば、九人もの教師で対応してしまうと、学校側は「それほど大切にしている」ということを形にしたつもりでも、保護者側からすれば「数で圧倒された」としか思えません。かえってこじれる危険性が高くなります。**保護者の人数プラス・ワンくらいがちょうどいい**のです。

⑥応対の服装はスーツで

応対するときの服装も大切です。ジャージで応対されたら「自分は軽んじられている」

と思われても仕方がありません。特に父親が来るときには配慮が必要です。男性教師はスーツにネクタイを着用のこと。スーツ一式をロッカーに用意しておきましょう。

⑦名刺を渡す

教師で名刺を持っている人は少ないようですが、パソコンで作れる程度の名刺でよいので用意しておきましょう。民間企業で働く人にとっては、名刺交換から入るのが常識。名刺がないと「だから教師は常識がない」などと言われかねません。

このとき、名刺には学校の連絡先だけを記載し、**自宅の電話・住所・携帯電話の番号はけっして入れないことが肝心**。プライベートの連絡先を教えると、執拗に連絡してくることがあるので、注意が必要です。

⑧親の「思い」を受け止める

応対の時間は一時間から一時間半が目安です。聞き方のコツは、相手の目を見て、うなずきと相づちをしっかり行うこと。

相手を説得したり論破しようとせず、言い分をよく聞き、その思いを受け止めることが肝心です。また、何かお願いしたいことがあるときは、指示をしようとせず、「〜していただけませんか」と①一歩自分を下げて②具体的に③お願い口調で、伝えることが大切です。

保護者対応に使えるカウンセリング技法

保護者との面接には、カウンセリングの技法を積極的に使って対応しましょう。私がおすすめする代表的な技法をいくつか紹介します。

○気持ちを受け止め、相手の最後の言葉を伝え返す

岸田博先生のミニ・カウンセリングの研究によれば、例えば、「やりきれないいんです」と語った母親に対して、「やりきれないお気持ちなんですね」と**相手が最後に言った言葉を伝え返すことで、話の長さが三分の二に縮まる**そうです。人は「聞いてくれているな」「わかってもらえているな」と思えるまで話を続けるものです。こちらが理解していることを積極的に伝えていきましょう。

「お父さんとしてはやるせないですよね」「ご心配ですよね、親御さんとしては」などと積極的に伝えていったほうが、相手は「わかってくれた」という気持ちになります。

○自分のポジションを一歩下げる

学校側から親へ要望を伝える場合には、上から目線でものを言うのではなく、一歩下がってお願いする姿勢で対応しましょう。例えば、

「マサル君、お母さんにほめられて頭をなでられた翌日はすごくいい子なんですよ。一日一回でも頭をなでてほめてもらえると、すごくありがたいですね～」

などと、**自分のポジションを一歩下げて「お願い」するのです。これを「ワンダウンポジション」といいます。**ぜひ身につけていただきたい技法です。

○子どものうそには「事実」で対応

ある先生のもとに、「うちの子がいじめられたと言っています」と親がクレームをつけてきました。しかし、その教師には、その子がうそをついているとしか思えません。こんなとき、「この子がうそをついているんです」と親を責めてしまうと、ますます怒りを買うだけです。

ある先生は、このとき、**子どものうそは一切指摘せず、ただ淡々と子どもに「事実」を確認する質問を行っていきました。**

「そのときどうしたの？」「次に何があったの？」「それで、そこに何人いたの？」「名前は？」……このように、質問だけしていって、子どもに事実を答えさせたのです。するとおのずと子どもの話に矛盾が出てきました。同席していた保護者も気づいて、「すみませんでした」と席をあとにしたそうです。

コラム COLUMN　教師は法の専門家との連携を

父親が出てくると、最近は、訴訟までに発展するケースも少なくありません。

例えばいじめられたほうの親がいじめた子の自宅に行ったけれども、相手は、「うちの子だって被害者なんです」と開き直って、とりつくしまもない……。

校長はこちらとあちらを、右往左往……。こんなとき、怒りが頂点に達して、「訴えてやる！」となりがちです。

こういうときのために、教育委員会は弁護士さんや行政書士さんなど、法律の専門家と連携をとることが大切になります。

これからは保護者対応の一環として、教師と弁護士、行政書士などが一緒に勉強会を開くことが必要になるでしょう。

私も、２年ほど前に、行政書士さんと教師、カウンセラーとで「ADRカウンセリング研究会」を立ち上げました。学校におけるさまざまなもめごと（紛争）に関して教育や心理の専門家と法律の専門家である行政書士が協力して活動していくための研究会です。

ADRというのは、法律や裁判で割り切ってしまうのではなく、「自主交渉援助型」といって、お互いに遺恨が残らず、心から納得できる方向を探っていくために、自主的な交渉を援助していく方法です。そこでカウンセリングのさまざまな技法が有効になってくるのです。

4 同僚・管理職との関係　～弱音を吐ける職員室づくり

何でも話せる仲間を一人もとう

多忙感にさいなまれ、子どもや学級経営のむずかしさに直面し、保護者への対応に四苦八苦し……。私は多くの先生方から、たくさんの悩みを聞いてきました。けれども問題の多くは、教師同士で支え合えればなんとかなるケースが多いものです。**大切なのは、同僚の先生方の中で一人でもいいから、何でも打ち明けられる仲間を見つけておくことです。**これが、安心し、充実した気持ちで教師生活を送っていくためのキーとなります。

私がみるところ、「いまの職場になんでも打ち明けられる仲間がいる」という先生は全体の七割です。「いまは、そんな仲間はいないいな」と思われた先生は、周りをよく見回していただきたいのです。昔の同僚、初任のときの同期、研修のときの仲間、研究会のメンバー、教育カウンセリング仲間……。その中に何でも話せそうな人が一人でもいないでしょうか。

「援助資源」リスト　　(2009　吉満・諸富)

このうち、だれだったら、あなたが困っているとき、悩みを聞いて味方になってくれるでしょうか。○を付けてみましょう。

・同じ学年の先生（　　　　　先生）
・同じ学校の先生（　　　　　先生）
・校長や教頭（　　　　　先生）
・保護者（　　　　　さん）
・恩師（　　　　　先生）
・前に一緒に働いた先生（　　　　　先生）
・かつての校長や教頭（　　　　　先生）
・研修や勉強会で出会った先生方（　　　　　先生）
・同期の仲間（　　　　　先生）
・友人や知人、恋人（　　　　　さん）
・夫や妻、親（　　　　　）
・ネット上の相談相手（　　　　　さん）
・特別支援教育コーディネーターの先生（　　　　　先生）
・スクールカウンセラー（　　　　　さん）
・教育センター
・教育委員会
・病院へ行ってみる
・心理士や弁護士などの専門家
・その他（　　　　　）

「何でも話すことができ、確実に味方になってくれる教師仲間が一人でもいるかどうか」――これが決定的に重要なのです。前ページの「援助資源」リストに○を付けながら、そんな人があなたの周りに一人でもいないかどうか、よく考えてみましょう。

また、うまが合わない管理職とトラブルが起きたときにフォローしてもらうためにも、その管理職に話を通せるような同僚と仲よくなっておくといいでしょう。教育委員会に話が通るような力をもった、かつての勤務校の校長など、実力者と認められている人といい関係をつくっておくと、いざというときに力になってもらえます。

弱音を吐ける職員室づくりを

いちばんいいのは、同じ学年の仲間に弱音が吐けること。お互いに弱音が吐けて、相談し合い、支え合える学年の教師チームがつくられているのが理想です。「うちの学年はダメ」と思われるかもしれませんが、言い出せないだけで同じ思いを抱いている方がいるかもしれません。ある人が勇気を出して「実は私……」と学級経営の悩みでも話し出せば、「実は私も……」とだれかが言い出して、いい関係がつくれるかもしれません。まずだれかがリードをして弱音を吐き、支え合える関係をつくっていくことが重要です。

コラム COLUMN 保護者は教師のバックアップを通して、学校をよくしよう！

本書の読者のなかには親御さんもいらっしゃるかもしれません。ここで私からお願いしたいことがあります。

どうぞ、お子さんの通っている学校の先生方をバックアップしていってほしいのです。よく先生方からお話をお聞きします。

「以前は、『うちの子、今日の遠足、すごく楽しかったし、ためになったと言っていました。ありがとうございます』などとよく感謝の言葉をかけてもらっていたけれど、最近はすっかりそれがなくなりました」

「いまは、『塾に遅れる』『けがをした』といったクレームばかりで……」

感謝されるために教師をやっているわけではないけれど、人間、批判されてばかりでは心がくじけてやる気がなくなるし、感謝されればやる気もわいてくるものです。

先生だって同じです。お子さんを守るために、先生方に注文やクレームをつけたくなる気持ちもわかりますが、それでは多くの場合、先生方のやる気を削いで、お子さんのいるクラスの雰囲気をさらに悪くしてしまいます。

「ありがとうございます」

――この言葉は、教師を元気にする魔法の言葉です。

教師を批判するのではなく、バックアップすることで学校をよくしていきましょう。教師と保護者は、お子さんを育てていくパートナーなのです。

【番外編】教師生活のしのぎ方　いざというときの奥の手！

「大学院修学休業制度」を活用しよう

長い間、教師をやっていると、一度や二度は本気で「辞めたい」と思ったこともある先生方も少なくないでしょう。

これからご紹介するのは、そんなときのための、いざというときの「奥の手」。それは、**「大学院修学休業制度」**の有効利用です。これは、

「公立学校の教師（教諭、養護教諭、栄養教諭及び講師）で、一種免許状または特別免許状を有する者は、任命権者の許可を受けて、専修免許状を取得するため一年を単位とする三年を超えない期間、国内外の大学院へ在学し、その課程を履修するための休業をすることができます」というもので、「休業中の教師は、その身分を保有しますが、職務に従事しません。休業中は給与は支給されません」（文部科学省ホームページより）

いま、大学院にほんとうに行きたい理由があるという方は行ってもいいかもしれません

が、よほど行きたくないかぎりは、**この制度を利用するチャンスはギリギリまでとっておくといいでしょう。**

というのも、私もある先生にお話を聞いて、「なるほど！」と感心したからです。

「このまま教師を続けていけるのか。せいぜいあと一、二年……」と思い悩んでいた四十代後半のある女性の先生。

そんなとき、ふと、大学院修学休業制度のことを思い出したそうです。そして二年間、現場を離れ、地方の大学院に行ってリフレッシュしながら、二つの資格を取得したのです。

その一つは、**現場に戻ったら役に立つ資格**、例えば、「教育カウンセラー」のような資格。もう一つは、もしも**学校を辞めることになった場合、転職のために使える資格**でした。

こうすれば、「いざ、というとき」安心して辞めることができますね。

さて、この大学院修学休業制度を利用する際に大事なことは、**自分が住んでいる地域から遠く離れた地域の大学に行く**こと。

例えば、愛知県であれば愛知教育大学、東京都であれば東京学芸大学などの地元の大学はおすすめしません。地元の大学には、同僚の先生もたくさんいて、心をリフレッシュできないからです。愛知の先生なら、琉球大学か北海道教育大学か、はたまた東京の明治大学か……（笑）。

もう一つ大事なのが、家族にはお詫びをしつつも、「**単身で**」**行く**ことです。二年だったら二年間という一定期間、職場からも家族からも解放され、完全に学生気分を満喫しましょう。完全に自分をリフレッシュする！　のです。

実際にこの制度を使わなくてもいいのです。ただ、いざとなったらこの制度を使うことができる……と、心の片隅に置いておくだけでも、心が楽になれると思います。

学校種を変えよう

もう一つ、いざとなったら**学校種を変えることを考えましょう**。

小学校の先生が中学校の先生に、中学校の先生が小学校に……などと学校種の違う学校への異動を願い出るのです。

実際に、中学校の教師が、「中学は厳しいけれど小学校なら……」と小学校に移って、うまくいったという話をよく耳にします。

5　救われる教師は「助けられ上手」！

あなたの「助けられ上手度」をチェック

「助けられ上手」という言葉は聞き慣れないかもしれませんが、これを心理学用語で「**ヘルプ・シーキング・アティチュード**」（Help Seeking Attitude「被援助志向性」とか「援助希求態度」と訳されます）といいます。この被援助志向性、つまり「弱音を吐く能力」「助けを求める能力」が、このむずかしい時代に教師生活を長く続けていくために必要不可欠なものとなりつつあります。だれにも相談をしないまま辞めてしまう先生方も、少なくありません。弱音を吐き、助けを求めることは、この「教師受難の時代」を生き抜いていくための「能力の一つ」なのです。

さて、まずはあなたの「被援助志向性」「教師自尊感情」をチェックしてみましょう。

「助けられ上手」かどうか チェックしてみましょう

田村修一『教師の被援助志向性に関する心理学的研究』（風間書房）を元に一部改変。

よくあてはまるところに○を入れてみましょう

〔援助されることについての思い〕

①困っていることを解決するために、同僚や管理職からの助言や援助がほしい。(　)

②自分が困っているときには、話を聞いてくれる人がほしい。(　)

③困っていることを解決するために、自分と一緒に対処してくれる人がほしい。(　)

④自分はよほどのことがない限り、人に相談することがない。(　)

⑤なにごとも同僚や管理職に頼らず、自分で解決したい。(　)

⑥同僚や管理職の援助や助言は、あまり役に立たないと思っている。(　)

⑦今後も自分の周りの人に助けられながら、うまくやっていきたい。(　)

〔援助されることに、ためらいがあるかないか〕

⑧人はだれでも、援助を求められたらわずらわしく感じると思う。(　)

⑨自分が困っているとき、同僚や管理職にはそっとしておいてほしい。(　)

〔学習指導について〕

⑩自分の学習指導について、だれかに話を聞いてほしい。(　)

⑪自分の学習指導について、他者からの適切な助言がほしい。(　)

⑫学習指導にまじめに取り組む自分に対して、同僚・管理職からの励ましがほしい。(　)

〔学級経営・子どもとのかかわり方について〕

⑬学級経営または子どもとのかかわり方について、だれかに話を聞いてほしい。(　)

⑭学級経営または子どもとのかかわり方について、他者からの適切な助言がほしい。(　)

⑮学級経営または子どもとのかかわり方について、まじめに取り組む自分に対して、同僚・管理職からの励ましがほしい。(　)

「教師としての自尊感情」チェック

①少なくとも人並みには、価値のある教師である。(　)

②教師としてのいろいろなよい資質・能力をもっている。(　)

③教師として敗北者だと思うことがある。(　)

④教師としての仕事を、人並みにはうまくやれる。(　)

⑤自分には、教師として自慢できるところがあまりない。(　)

⑥教師としての自分を肯定的に見ている。(　)

⑦教師としての自分に、だいたい満足している。(　)

⑧自分はまったくダメな教師だと思うことがある。(　)

⑨何かにつけて、自分は役に立たない教師だと思う。(　)

「助けられ上手度チェック」では、①から⑨のうち、①②③⑦の四項目にチェックを入れた人は、助けられ上手だといえます。反対に、④⑤⑥⑧⑨の五項目にチェック数が多いほど、助けられ下手といえるでしょう。

「学習指導」「学級経営・子どもとのかかわり方」については、チェック数が多いほど、必要ならば援助されたいと思っているということになります。

「教師としての自尊感情」チェックでは、①②と④⑥⑦の項目にチェックが多く付いていれば自尊感情が高い、つまり、教師として自信があると判断できるでしょう。

男女別でみると、一般に女性のほうが男性に比べて助けを求めることへの抵抗が少ないようです。ただ年代でみると、四十代以上でプライドが高い女性教師は、三十代のときと比べて、ぐんと助けを求めることができにくくなるようです。

早期であれば道も開ける

さて、あなたはいかがだったでしょうか。

教師の多くはまじめで努力家です。そのため、自分一人でなんとかしようと抱え込んでしまうケースが少なくありません。多くの教師は、「学級が荒れはじめています。力を貸してくれませんか」などと、早い段階から弱音を吐くことができません。

けれども、荒れ始めならまだしも、学級崩壊状態になったあとで管理職や同僚の助けを求めても、学級を立て直すにはかなりの困難を伴います。とことん荒れてからサポートを求められても、求められるほうも困ってしまいます。

早めに援助を求めることが重要なのです。

「助けを求めるのが苦手な教師」の特徴は…

「助けを求めるのが苦手な教師」の特徴は、自尊心の高すぎる人と低すぎる人です。

「自尊心の高すぎる人」は、四十代、五十代でいままで成功してきた先生、特に男性に多くみられます。経験的にも能力的にも「自分はできる」という自負のある先生が学級経営や保護者対応に行き詰まったとき、プライドが邪魔をして助けを求められないのです。

いっぽう、「自尊心の低すぎる人」は、二十代、三十代の女性に多くみられます。

「学級崩壊に陥っている」「保護者から攻撃を受けた」というとき、これ以上自分のダメなところを見せたら、人から見放されるという怖さがあって相談ができないのです。

「俺はベテラン教師だ。年下の教師に助けなど、求めるべきではない」

「私は未熟な教師。これ以上ダメなところを見せると、ほかの先生方から見捨てられる」

こうした考えは、イラショナルビリーフ（非合理的な思い込み）です。これを粉砕して、次のように書きかえてみましょう。

「ベテラン教師でも、年下の先生に助けを求めるのは恥ずかしいことではない」

「ダメなところを見せても、見放されることはない」

ベテランの先生がよくおっしゃいます。

「最近の若い先生は頼ってくれない。頼ってくれたら力になるのに。なんで全部自分一人でやりたがるのかなあ」と。

大切なのは、勇気をもって自分の苦しみを打ち明けることです。助けを求めれば救われるチャンスも得られるのです。

周りに必ずいる！「支えてくれる人」を探そう

「そうは言っても、助けを求められる人、いないんですよね」――そうおっしゃる先生は多いものです。

でも、ほんとうにいませんか？「学校の中でこの先生だったら、力になってくれるかもしれない」と思える人が、あなたの周りにほんとうに一人もいないでしょうか。

こんな体験をしたことがあります。

厳しい指導がモットーの校長率いる中学校から、ある先生が相談にみえました。

「この間、子どもの悩みを聞いていたら、学年主任に呼ばれて、『あなたが甘やかすから子どもがつけあがるでしょう。迷惑なのよ』と言われました。私のしてきたことは間違っているのでしょうか。二十数年間、教育相談一本でやってきたのに、私の教師人生のすべてを否定されたようで……。もう自信がありません。こんなことで悩んでいるのは、うちの学校では私一人だけです」

その一週間後のこと、同じ学校の別の先生が相談にみえました。

「私はこれまでずっと子どもたちの悩みを聞いて、支えてきたつもりです。でも、ほかの先生から『あなたのしていること、迷惑よ』と言われてしまって……。こんなことで悩んでいるのは、うちの学校では私一人だけです」

私はすかさず言いました。「そんなことはありません」。そして、前に来られた先生を紹介し、次の回は二人で来ていただきました。

「こんなことで悩んでいるのは私一人」と思っていても、実は、同じことで悩んでいる

人は、結構いるものです。同じ悩みをもつ人が二人揃えば百人力。一人で悩むのと二人で悩むのとでは、大違いです。

自分を援助してくれるかもしれない人のことを「援助資源（リソース）」といいます。幅広く目を向けて、安心して相談できる相手を見つけましょう。

もう一つおすすめしたいのは、あなたが抱えている悩みは、**自分に問題があるのか、それとも学校や管理職との相性が悪いことによるものなのか、疑ってみること**です。学校や管理職との相性が悪いだけなのに、自分に非があると思い込んでいる教師は、少なくありません。

指導重視の体育会系校長のもとでは「不適格教師」とされた教師が、カウンセリングマインドを大切にする校長の学校に移ったとたん、「とても有能な教師」と評価される。反対に、体育会系校長のもとでは「有能な教師」とされていた教師が、カウンセリング系校長の学校に異動になったところ、「(指導の強い）あなたのせいで、不登校が増えた」などと低く評価された、ということも実際によくあることです。

周りを広く見渡して、味方になってくれそうな人を探す習慣をつけること。これが、あなたがこのさきも教師を続けていくための、大きな大きな助けとなるのです。

第3章 教師のストレスマネジメント

1　教師のストレス　～あなたのストレスをチェック

教師はさまざまなストレス要因に囲まれています。まずは、あなたの現在のストレス・チェックから始めましょう。

総合的なストレスが高ければ、上手にストレスを発散する工夫が大切になってきます。また、ストレスチェックを行うことによって、自分にとって何がストレスになっているか、実感できると思います。

次のページのストレス・セルフチェック表の、あてはまる項目に✓を付けていきましょう。✓の数が多いほど、ストレスがたまっていることになります。

教師のためのストレス・セルフチェック表

（中島一憲『こころの休み時間』学事出版を元に改変）

以下にあげる項目のうち、最近１カ月の間にあてはまる項目にチェックを付けてください。

□最近、食欲があまりない。あるいは逆に食べ過ぎることが増えた。
□タバコやコーヒー、お酒の量が増えてきた。
□最近、何だかとても疲れやすい。
□夜、寝つきが悪かったり、夜中に目が覚めることが多くなった。
□めまいや動悸を感じやすくなった。
□朝から頭や体が重い。
□通勤途中にイライラしやすくなった。
□児童生徒と話すのがおっくうだ。
□職員室での会話が減った。
□クラス担任として学級経営をするのが重荷になってきた。
□児童生徒の考えを聞く余裕がなくなった。
□授業を工夫するのが面倒くさくなってきた。
□イライラして、児童生徒をどなってしまうことが増えた。
□保護者に連絡するのが面倒になってきた。
□同僚教師の欠点ばかり目につくようになった。
□校長や教頭と話すのを避けたい。
□学校行事の準備が前よりも面倒になってきた。
□テストの採点ミスが増えた。
□職員室の自分の机が散らかってきた。
□教材研究をしたり、研修で自分を磨こうとする意欲がわかない。

０～５……ストレスコントロール良好
６～10……ストレス予備状態（要注意）
11～15……ストレスコントロール不良（要休養）
16～20……ストレスによる不適応状態（要相談）

まずは睡眠時間を確保！

まじめな教師ほど、睡眠時間を削って仕事をしてしまうものです。しかし、ストレス対策の第一は、何と言っても、睡眠をしっかりとること。

A中学校は、不登校の生徒が、一つの学級にいちばん多いときで十七人もいることがあった、非常に荒れている学校でした。

先生方は、放課後からが大変です。遅くまでパトロールを行い、警察から「生徒が補導された」と連絡があれば駆けつけます。不登校の子どもたちへの家庭訪問、何かあれば緊急の職員会議……と深夜まで駆けずり回っている状況です。

みなさん相当お疲れの様子で、その学校の月曜日の教師の出勤率はなんと六割。これで学校は回っていくのか……という現状を目の当たりにしました。

いっぽう、同じように生徒指導が非常に困難なB中学校は、大変な状況としてはA中学校と変わりないのですが、先生方の表情にゆとりがありました。

この差は何か……。B中学校では、「**（どんなに大変でも）教師は五時に帰る**」という**決まりをつくった**のです。

ある先生いわく、「**いちばん重要なのは、先生方の睡眠時間です**」――これは、すばらしい判断だと思います。

Ｂ中学校の先生方の表情にゆとりがあったのは、睡眠をたっぷりとっているおかげでしょう。精神的にゆとりがなければ、学校の立て直しもむずかしくなります。

まずは教師が元気でなければ、なにごとも始まりません。

これは、教材研究でも同じです。

夜遅くまでがんばる必要はありません。「仕事が多すぎて毎日三時間しか眠れない」という先生の場合は、明らかにオーバーワークです。

もしも、「睡眠時間を削ってでもがんばるのが教師の務め」――こんなイラショナルビリーフ（非合理的な思い込み）をもっているとしたら、考え方を変えましょう。

「**しっかり眠ることこそ、教師の務め。ゆとりのある教師の顔が、子どもたちの笑顔をつくる**」

2 メンタルヘルスを保つテクニック

「心の虫」とつき合う

例えば、「教材研究したくない」というとき、「教材研究したくない。ダメな私」と自分を責めてしまうときがありますね。

こんなときは、自分が教材研究したくないのではなく、「教材研究したくない『さぼり虫』が私の心に忍び寄ってきたんだな」と考えるようにするのです。ダメな自分を、心の「虫」や「菌」のしわざだと考えてみるのです。

これは「**外在化**」**と呼ばれるソリューション・フォーカスト・アプローチの技法**です。問題を外在化し、自分自身と自分の問題を切り離して考えることで、自己否定することなく、目の前にある問題とうまく間をとっておつきあいすることができるようになるのです。

何かが思うようにできなくて、自分を責めてしまいそうになるときには、いつの間にか忍び寄ってきた虫や菌が自分の中にいると考えてみましょう。

「なまけ虫」「後回し虫」「引っ込み虫」「イライラ菌」「クヨクヨ菌」など、自分で名前をつけてみるといいでしょう。「ああ、また『なまけ虫』のせいで、仕事を後回しにしてしまった」などと外在化して、この虫や菌とどうしたらうまくつきあえるかを考えてみるのです。

大切なのは、外在化した「心の虫」を排除しようとしないことです。静かに自分に語りかけてみましょう。

「ああ、また『なまけ虫』が来ちゃったのね。まあ、気持ちはわかるけど、もうちょっとがんばってみたら？」

サンドバック代わりにぬいぐるみを

生徒に暴力をふるわれたり、暴言を吐かれても、教師は対抗することができません。こうしたストレスも大変なものだと思います。

先生方のストレス解消法として、ある職員室で実際にやっていたのが、職員室にサンドバックを置く方法でした。しかし、サンドバックは目立ちすぎて、生徒も遊び始めてしまいましたので、これはあまりおすすめできません。

ある人気アニメのキャラクターは、自分の子どもが見ていないときに、ウサギのぬいぐるみに当たります。

これは小出しにキレる方法のいい例。みなさんも、ご自分の「なぐられウサギ」をつくるといいかもしれません。

紙をビリビリ破る

新聞紙などいらない紙を「ウワァーッ！」と大きな声を出しながら、手でビリビリ破く方法です。実際に、声を出しながらやることで、気持ちがスーッとします。

この「紙を破く」方法は、子どもたちのストレス解消にも役立つので、教育相談でも使えます。

トイレでアロマ

三十秒間でスッキリするのがアロマオイル。ミント系アロマをトイレで吸うだけでスッキリ。イライラしたときの気分転換にもってこいです。

三十分間一人カラオケ

教師はとかく忙しいもの。家に帰ってからも、家事労働をしなければならない場合もあります。

短時間のストレス解消法として「三十分間一人カラオケ」をおすすめします。学校にいる間に歌いたい歌、ストレス解消に効きそうな歌を五～六曲選曲しておいて、帰りがけにカラオケボックスに行って、ガーッと三十分間歌って帰るのです。

その日は、「ごめんね、遅くなって」と家族にお詫びし、家事の時間を減らしてカラオケに行きましょう。

みんなでカラオケに行くのもいいのですが、待ち時間が多いのが難点。一人カラオケは、実に効率的なストレス解消法です。

友達とグチをこぼし合う

同僚の気の合う先生と「やってらんないよね～」「あのタコ校長がよ～」などとグチをこぼし合うことです。こういうときは、同じ思いを共有している仲間がいちばん。

同僚の先生にそこまでの方がいなければ、妻や夫、学生時代からの友達など、気心のしれた人にグチをこぼしましょう。

日ごろから弱音を吐ける人をつくっておくことは、ほんとうに大切です。

先生方にはまじめな方が多いので、例えば、「一人でカラオケに行くなんて」など、ストレス発散に後ろめたさを感じる方もいらっしゃると思います。しかし、人間はストレスがたまる生き物。ストレス発散もせず、エネルギーがこみ上げてくる人などいません。「ストレス発散なんてはしたない」というのはイラショナルビリーフ。

ストレスを上手に発散して、明日のためにエネルギーを確保することが、引いては子どもたちのためにもなるのです。そう考えて、思いきり、ストレスを発散しましょう。

第４章

教師が「うつ」になるとき

1　うつは教師の勲章

うつになって当たり前

本書をお読みの方の中には、いま、うつで通院中の方もいらっしゃると思います。

「うつになんかなってしまって……。自分が弱いからだ。恥ずかしい」

――こうした思いを抱いている方もいるでしょう。そういう先生にぜひ聞いていただきたいお話があります。

いまは教頭になられたある先生が、かつての出来事を振り返り、しみじみと語ってくださいました。

「当時私が勤務していたのは、毎日窓ガラスが割られるような、荒れはてた中学校でした。生徒指導にほとほと疲れ果てた私は、神経科で抗うつ剤をもらっていました。ある日のこと、思い切って校長に休職について相談することにしました。

『校長先生……、僕、実はこんな薬のんでいるんです』

すると校長はこう言いました。

『ああ……、君はその薬のんでいるんだ。私はこれをのんでるんだよ』

そう言いながらポケットから出したのが、別の種類の抗うつ剤でした。そして、こんなことを言ってくださったのです。

『**このむずかしい時代にまじめに教師をやっていたら、うつになるのは当たり前。うつに一度もならないのは、むしろどこかで手を抜いている証拠。うつは教師の勲章ですよ**』

私は校長のこの言葉に励まされ、いままで教師を続けてこられたようなものです」

「うつは教師の勲章」――実にすばらしい言葉ではありませんか。

教師という仕事に対して、手抜きなどせず、真正面からまじめに取り組んだからこそ、うつになったのです。けっして恥じることなどありません。

この言葉をおっしゃった校長先生は、すばらしい方だと思います。管理職のこうしたひとことが、先生方を励まし勇気づけるのです。

うつはだれでもかかる病気

うつはだれでもかかる可能性のある病気です。特に、教師は他の職業に比べて、うつになる割合が二・五倍もあると言われています。

しかし、うつにかかっている人で実際に受診している人は四分の一程度にすぎないといわれます。残りの四分の三は病状に悩みながらも、病気であることに気づかなかったり、心療内科や精神科を受診することに抵抗があって医療を受けていないのが現状のようです。

平成十九年度の文部科学省の報告「病気休職者数等の推移について」によると、教師の休職者は全体で八〇六九人。そのうち精神疾患での休職は四九九五人。

さきの「うつの人のうち四分の三は受診していない」ということを鑑みると、教師のうち約一万五千人の人がうつでありながらも受診していないことになります。

うつに関してはほかの病気以上に、早期発見・早期治療が早く治すカギになります。

まずは、チェックリストで自分の状態をチェックしてみましょう。

うつチェックリスト

（諸富、2009）

質問項目	回答			
	１点	２点	３点	４点
1．気持ちが落ち込みがちだ	いいえ	ときに	たいてい	いつも
2．夕方よりも朝のほうが調子がいい	いつも	たいてい	ときに	いいえ
3．なぜか涙がこぼれてくる	いいえ	ときに	たいてい	いつも
4．寝つきが悪かったり，途中で目が覚めてしまう	いいえ	ときに	たいてい	いつも
5．食べるのが楽しみだ	いつも	たいてい	ときに	いいえ
6．体重が最近減ってきた	いいえ	少し	かなり	たいへん
7．すぐ疲れる	いいえ	ときに	たいてい	いつも
8．自分に自信がある	いつも	たいてい	ときに	いいえ
9．私の人生には希望がある	おおいに	かなり	少し	ない
10．ものごとをすぐに決断することができる	いつも	たいてい	ときに	いいえ
11．自分は人の役に立っている	おおいに	かなり	少し	いいえ
12．自分なんて、死んでしまったほうがいいと思うことがある	いいえ	ときに	たいてい	いつも

【採点】・０点～18点未満：安全圏
・18点以上～24点未満：やや注意が必要
・24点以上～30点未満：要注意
・30点以上：専門医に相談を

2　「うつ」ってどんな病気？

うつの原因は　～脳内状態の変化によるもの

近年のさまざまな研究によって、うつの症状が出ているとき、脳内の状態にも変化が起きていることがわかってきました。

脳内には複数の神経伝達物質が存在しますが、うつ状態のときには、神経伝達物質（セロトニンやノルアドレナリン）の放出量が減少するなどの変化が起きることで、神経間の情報伝達が速やかに行われなくなるのです。

脳内の血流も著しく低下します。言わば、「脳だけ過労死状態」です。

うつは専門的には「気分障害」に分類されていますが、一般的な意味の「気分の問題」ではありません。「気の持ちようでどうにかなる」などと思わず、脳内の病気と考えて、専門家に相談しましょう。

うつになりやすいタイプとは

同じようなストレスを受けてもうつになる人、ならない人がいます。その人の性格がかかわっているのです。

具体的には、仕事熱心、まじめ、凝り性、徹底的、正直、几帳面、責任感・義務感が強い、自分を責めやすい人は、うつになりやすいようです。

「ああ、やっぱり私はうつになりやすい性格なんだ」などと落ち込むことはありません。まじめで責任感が強いのは日本人の国民性です。特に**教師には、まじめで、責任感が強い人が多いのは、当然のこと**。ふまじめで、無責任で、自分の問題を他人のせいにばかりする教師が多いとなると、それこそ大問題です。

うつになりやすいとき

うつになりやすい時期があります。

例えば、先生なら勤務校が変わったなど、**大きな環境の変化があったとき**です。管理職や主任、指導主事など、これまでと異なるポジションに置かれたときも、うつになりやすいものです。自分とウマの合う管理職（校長・教頭）が退職して、相性の悪い管理職が来てしまったときも大変です。

新採用の先生方も当然、うつになりやすい時期にあります。仕事が想像以上にハードだったり、思い描いていた理想とのギャップがストレスになるのです。

離婚はもちろんですが、結婚によって自由が奪われるのもうつ発症の原因となります（マリッジブルー）。出産（マタニティーブルー）、更年期や定年前もうつになりやすい時期です。身近な人の死や子どもの独立（からの巣症候群）もうつのきっかけになります。

うつの精神症状および身体症状には、**「日内変動」という特有の現象**がみられます。朝から午前中にかけては気分が重く、体調も悪いのですが、午後にはやや改善されてきて、夕方ごろから気分が晴れて快調になってきます。

うつになりやすい季節もあります。**日照時間が短くなる秋から冬にかけてうつ状態になりやすい**のです。春や夏になると症状が回復します。この場合は、人工的に強い光を当てる「光療法」の有効性が認められているようです。

うつの最大のシグナルは睡眠障害

うつのサインとしては、「気持ちが晴れ晴れしない」「何をやっても楽しくない」「疲れやすい」「気力や意欲、集中力が低下している」「仕事に行くのがおっくう」「人に会いたくない」「朝方に気分や体調が悪い」「心配事が頭から離れない」「失敗や悲しみから立ち直れない」「自分は無価値だと思う」「感情のコントロールができず、涙がポロポロこぼれる」といったものがあります。

うつが一時的な落ち込みといちばん異なる点は、睡眠障害がある点です。

眠りたくても眠れない（不眠）のほか、眠ったと思ったらすぐに目が覚める、朝の三時や四時など早朝に目が覚めてしまう（早朝覚醒）が、うつの大きな特徴です。

医学的な研究によって、うつの人の朝方の脳内血流が非常に悪いことがわかっています。脳だけを取り上げるなら過労死状態に近いようです。これでは、朝から元気が出ないのは当然といえるでしょう。

精神科医の笠原嘉氏は、「朝、新聞を読むのがおっくうになる」ことに着目して、うつを「朝刊シンドローム」と名づけています。朝、新聞を楽しく読めるかどうかが、うつのチェックには有効なのです。

おなかのあたりがモヤモヤして、胃のぐあいが悪く、何年も胃薬をのんでいるにもかかわらず回復しない場合も、うつの疑いがあります。ある調査では、しょっちゅう胃薬をのんでいたり、ずっと胃腸科（内科）にかかっている人の約八割が、実は「隠れうつ」だと推測されています。

新しいタイプのうつ

従来型のうつには、「こんな私は教師失格だ」などと「自分を責める」傾向があります。ところが、「自分を責めない」タイプの新しいうつが、最近、若者を中心に増えています。「遊んでいるときは楽しいけれど職場に行くのはつらい、やる気が出ない」……「職場に行きたくない俺はダメだ」などと自分を責めたりはしないタイプのうつです。怠けではないこと、本人は相当つらいことを周囲が理解する必要があります。

これは最近の不登校の子どもと共通する部分があります。学校に行かなくてはいけないとあまり思っていない（けれども、実際に行けない）不登校の子どもがいますね。あれと似ています。

3　メンタルクリニックやお薬とのつきあい方

正常と「うつ」の境界はあいまい

心の病には多くの種類があります。では、どの程度が病気で、どの程度が正常の範囲なのでしょうか。神経症を例にとってみてみましょう。

雑菌が気になって手を念入りに洗ったり、戸締まりがちゃんとできているか気になって何度も確認する……といった程度であれば「神経質な性格」というだけです。

しかし、手の汚れが「異常に」気になって、日に何百回も手の皮がめくれるほど洗わずにはいられないとか、戸締まりが「とても」心配で五十回も確認せずにはいられない……このように実生活に支障をきたすようになると「強迫性障害という病気」と考えられます。

うつのつらさは、日常的な落ち込みとは比べものにならないほどのつらさがあります。

つまり、**病気かそうでないかの違いは、「質」ではなく、「量」の違い**なのです。

そもそも、正常と異常、健康と病気との境界はあいまいで、家庭生活や社会生活に支障が出ているならば病気、そうでないならば病気とは言えないと考えるのが、一般的です。

特に、教師の場合、子ども、保護者、同僚や管理職といった人間関係のなかで、日々さまざまなストレスにさらされています。困ったことに、「まじめで、責任感や熱意のある人」ほどストレスが大きく、うつをはじめとする心の病気にかかりやすいのです。

この教師受難の時代にあって、**うつは、教師であれば「だれも」が、「いつなってもおかしくない」身近な病気**です。「気の持ちよう」などと自分に言い聞かせて症状を悪化させないように、早めに手をうってほしいのです。

気軽に行こう！ メンタルクリニック

うつになったら、「ちょっとお薬をもらって、楽になろう」といった気軽な気持ちで、メンタルクリニックを訪れるのがいちばんです。

「精神科」「精神神経科」「神経科」「心療内科」といろんな名前の病院があるのでとまどいを覚える方も多いと思いますが、うつの場合、どこでもかまいません。行きやすい雰囲気のところに行きましょう。

軽いうつの場合、心療内科のほうが敷居が低くて行きやすいという人が多いようです。

具体的な受診の目安として、精神科医の大野裕氏は、「睡眠障害（よく眠れない）と食欲不振（よく食べられない）が一週間以上続けば受診をすすめる」と言っています。

うつは教師の勲章です。メンタルクリニックに行って、いいお薬を処方されたら、**「この薬いいよ」「あのクリニックどうだった？」などと先生同士で情報交換ができるようになるといい**と思います。

というのも、うつの場合、医師によって薬の出し方の上手、下手の差が大きく、腕のいい医師（薬の出し方がうまい医師）に診てもらうことがとても重要だからです。そのために、情報交換がとても重要です。

では、どうやっていい医師を見つけることができるか。

口コミやインターネットなどで情報収集するのもいいでしょう。私たちスクールカウンセラーや、養護教諭も立派な情報源です。積極的に活用してください。

医師によっては、平均量の三倍も薬を出す人もいます。例えば初診時に、一回にのむ薬が五種類以上など薬を出しすぎる医師は、あまり信用できないと思います。

よい医師の条件の一つは、患者の訴えに応じて、微妙に薬を調整してくれることです。薬が合わないと思ったら、次の予約まで待たずに、どんどん相談しましょう。医師や薬との賢いつきあい方を身につけましょう。

薬とのつきあい方

うつの治療の第一は、やはり薬物療法です。

抗うつ剤というと、副作用が強いものが多かったのですが、現在は以前と比べて、副作用の少ない薬も多く出ています。

いっぽう、抗うつ剤の副作用には、うつ自体の症状と似たものが多いため、副作用をみて「うつが悪化した」と考えて、自己判断で薬をやめてしまって症状が悪化してしまう先生も少なくないようです。

あるいは医師のほうで、副作用をうつの悪化ととらえ、薬を増量してしまう場合もあるようです。するとさらに副作用が強くなり、苦しむことになってしまいます。

こちらが細かに申し出ていけば、薬を変更してもらったり、量の調整をしてもらうことも可能です。副作用について、具体的かつ細かく医師に相談しましょう。

4　カウンセリングの利用の仕方

精神科医とカウンセラーの違いは？

精神科や神経科の医師とカウンセラーの違いはどこにあるのか。医師は、簡単に言うと投薬による治療を行います。カウンセラーは、問題を抱えたクライアント（相談者）が、それを乗り越えることをサポートするために、面接（カウンセリング）を行います。

うつになった場合、休養と薬物療法を柱としながら、カウンセリングを同時に受けると効果があります。医師は五分間診療になりがちですが、カウンセリングでは、一人のクライエントの話を一時間前後じっくり聞いてもらえます。うつの苦しみ、現場に戻りたくても戻れないつらさなどを**「じっくり聴いて、わかってもらう」ことが、大きなサポート**になります。私が代表を務める「悩める教師を支える会」（http://sasaeru.my.land.to/）などのサポートグループで教師同士の悩みや苦しみをわかちあうことも助けになります。

多くの教師は「教師の悩みは、教師にしかわからない」と訴えます。

5　悩みと上手につきあうテクニック

悩みと上手につきあう方法を見つける

教師に限らず、私のカウンセリングルームに来られる方に「あなたはどうなりたいですか」と尋ねると、多くの人は「悩みのない人生を送りたい」と言います。しかし、悩みがまったくない人など一人もいません。

カウンセラーである私は、相談に来る方を「悩みがまったくない人」にしようとは思っていません。むしろ、「悩みと上手につきあう方法」を学んでもらうお手伝いをしています。

実際に、悩みと上手につきあえるようになると、それまでのクヨクヨした心の重さが消えていき、生きることがだいぶ楽になっていくはずです。

ここでは、悩みを上手に整理するために、自分でできる方法をいくつか紹介します。

心の姿勢「脱同一化」を身につけよう

「悩み」との
同一化

「悩み」との脱同一化
「悩み」とのつながり

「悩み」の分離

悩みと距離をとる方法「脱同一化」

自分の悩みとのかかわり方は、図のように主に三つの方法があります。

一つは、自分の悩みを自分から切り離して、自分の外に閉め出し、あたかも悩みなどないようにふるまう方法です。これは感情を押し殺してしまうやり方です。

しかし、「私は大丈夫、私は大丈夫……」と感情を押し込めていると、いずれ、症状に出てきます。

二つ目が、悩みと自分が同一化してしまい、それにとりつかれてしまっている状態です。

「教師として、自分はやっていけないのではないか」——そんないやな感じばかりが膨れあがり、やがてその悩みに覆い尽くされてしまう。いっぱいいっぱいになって苦しんでいる状態です。

三つ目が、**自分の内側の悩みを認めながら、それとすっかり同一化してしまうのでもなければ、自分の外に追いやることもせずに、ただただ、それを「認めていき」「距離をとる」方法です。これは「脱同一化（dis-identification）」という技法**です。

確かに悩みはある。うつ的な気分はある。そんな自分を否定するのではなく、そういう自分も、自分の一部だとそのまま認めていくのです。

うつの人は一般的に考えすぎる傾向にあります。「考えすぎる」と心のエネルギーは奪われていってしまいます。

私は相談に来られる方に、「どうやったら考えすぎずにすむか、その工夫を一緒に考えていきましょうね」と言うことがよくあります。そして「脱同一化」の方法を学んでいただくのです。

「私はダメな教師ではないか」とまじめな人ほど、ひたすら考えます。前向きな人であればあるほど、そこから脱出しようとして、もがき苦しみ続けます。

しかしそれは不可能なので、「やっぱりだめだ」となってしまう。脱出できるような悩みでしたら、うつにはなりません。

どうしても自信がない。そうしたら、自信のなさやうつ的な気分をそのまま、認めていくしかないのです。認めて、しかしそれにどっぷりつからない。**脱同一化して自分の悩み苦しみと「一歩距離をおく」**のです。

悩んでいる自分を認めずに、「こんなふうに悩んでいてはだめだ」と責めてはいけません。悩みは鎮まるどころか、かえって膨らんでいきます。**悩みや憎しみや不快などのマイナス感情は、それを否定すればするほど、どんどん膨らんでいく**のです。

悩んでいる自分を否定するのではなく、「ああ、自分には『教師を続けられないのではないか』という不安や自信のない気持ちがあるんだな」と、まずその気持ちを認めること。そして、それをただただそのまま認め、眺めるような姿勢でいるのです。

これができるようになり、「ダメ教師としての自分」も、自分の一部として認めることができるようになると、そうした否定的な気持ちそのものが小さくなっていきます。重要なことは、**何が出てきても、ただただそのまま認め、眺めるという姿勢**です。

次に紹介するのは、頭から離れない「やり場のない悩み」にその「やり場」や「悩みの居場所」をつくってあげて、そこにそっと置いてみるという方法です。

そうすれば、いやな気分に支配された状態から少しだけでも距離をとれるはずです。これは「クリアリング・ア・スペース（心の空間づくり）」と呼ばれる方法で、メンタルヘルスに大きな効果をもたらすため、大変人気のある方法です。

精神科医の増井武士先生は『迷う心の「整理学」』（講談社現代新書）の中で、患者さんが自分で行うことができる具体的な悩みの対処法を紹介しておられます。

私も増井先生の方法に基づきながら、自分なりにアレンジしてカウンセリングでよく使わせていただいています。

自分でできる「心の整理法」――「心の部屋」に「気がかりなこと」を置いていく

①「いま、どんなことが気になっているのかな」「気がかりなことには、どんなことがあるかな」と自分に問いかけます。

②次に、目の前のスペース、例えば、テーブルであればテーブルの上を「自分の心の部屋」に見立てて、心に浮かんできた「気がかりなこと」を、その「心の部屋」のどこかに一つずつ置いていきます。書き出してみるのもいいでしょう。自分の心の部屋の中の、ちょうどいい感じがする場所に置いていくのです。

③どこに置くかは自分の心に尋ねます。『校長のこと』はどのあたりかな？　できるだけ遠くに置きたい？　じゃあ、このあたりでいいかな？」……そんなふうに、自分の心に尋ねながら「気がかりなこと」を一つ一つ、「置いて」いくのです。「『山本くんのこと』はすぐそばに置いておきたい。『横山さんのお母さんのこと』は、しばらく考えたくないから、後ろ側の見えないところに置こう」。こうしてすべての悩みを「ちょうどいい場所」に置いていくのです。

途中で、「やっぱりここにしておこう」「もう少し遠くにしよう」と位置をずらしてもいいですし、置きかえてもかまいません。気がかりなことをすべて置いていくようにします。気がかりなことを一つ置いていくごとに、深呼吸をしてみるのもいいでしょう。

あるいは、B4サイズくらいの一枚の用紙を「心の部屋」に見立てて、いろいろな「気がかりなこと」を一つずつ、紙の上に書いていく方法もあります。「これは、できるだけ遠くへ置きたい」「これは気になるからそばに置いておきたい」というようにして、紙の上の「自分」と適当な距離をとりながら、「ここがいい」というところに、「気がかりなこと」を置いていきます。

あとから出てきた「気がかり」との関係で、前の位置が適当でないと感じたら、消しゴムで消したり、書き直したりして、自分の心が落ち着くまでやってみましょう。あわてず、あせらず、ゆっくり、ていねいに進めていきます。おおよそ二十〜三十分もあれば、すべての「気がかりなこと」を置いてしまうことができるでしょう。こうして「気がかりなこと」をすべて置くことができたら、「私にはもう、ほかに悩みな

上司
レポート
引越
同僚
私
母親
父親
旅行
友人
恋人
ボーナス
誕生日
パーティー

んでひと一つも、ない」と言葉に出して言ってみるといいでしょう。気がかりなことをすべて置いて「心の空間」を味わうことができると、ジワーっと心のエネルギーが戻ってきます。

自分がイメージする心の部屋（紙）に、「いま、気になっていること」をすべて書き終わったら、その紙を一、二メートル離れたところに置いて、それをしばらく眺めてみましょう。ただボーッと眺めていればいいのです。

少し距離を置いたところから、いまの自分や自分の状況全体を見る。こうして、いわば自分を「俯瞰《ふかん》する目」をもつようにするのです。

私のカウンセリングでは、こうして「自分を見ている自分」を感じることをとても大切にしています。心の中に清涼な風が吹いていく「心のスペース（空間）」を少し感じ取れるだけで、心のエネルギーはだいぶ戻ってくるものです。

心のエネルギーが戻ってくると、「悩みだらけの私だけど、まあ、できることからやっていこう」という気持ちに自然になっていけるものです。こうして、がんじがらめになっていた悩みの呪縛から一歩踏み出すことができるのです。

「死にたい気持ち」を一歩下がって眺める

さて、「脱同一化」は、「ほんとうにつらくて死にたい気持ち」になったときにも有効です。**死にたい気持ちをそこに置いたまま、実際に一歩後ろに下がって「距離」をとるのです。**

「死にたい気持ち、ここにあるなあ」「俺なんてダメだって気持ちも、ここにあるなあ」「こんな生ゴミみたいな人間、生きていても仕方ないと思っている気持ち、ここにあるなあ」――そんなふうに、どんな否定的な気持ちが出てきても、ただそれを認めて眺めていくのです。すると、ギリギリのところでそうした気持ちと距離が取れてきます。ひたすらこれを繰り返していると、落ち込む気持ちと、それを眺めている自分とは別であること（脱同一化）、そして眺めている自分こそ自分であり、落ち込む気持ちはどれほど強烈であっても、それは自分の一部であることがジワーッと自覚されてくるのです。この方法を徹底的に反復して学べば、もうどんなことがあっても大丈夫。死なずにすむはずです。

クリアリング・ア・スペース（心の空間づくり）

一歩下がって眺める・認める

ユーモアを交えるとさらに効果があがります。例えば、「死にたい気持ち」がわいてきたら、「キターッ」と大声で言いながら一歩下がって眺めてみるのです（お笑い芸人の山本高広さんの織田裕次のまね風に）。

ユーモアを用いることで、深刻になり、死にたい気持ちに圧倒されている自分と、何か「距離」を取ることができやすくなるのです。うつ的な気分に支配されているとどうしても、「もう、死にたい」という気持ちが強くなってきます。こうした気持ちと、首の皮一枚で距離をとるわけです。ほんとうに苦しい人はこれしかないと思います。

6　周りの人がうつになったとき

周りが早く気づくことで早期治療を

うつは、本人にも周りの人にも気づかれにくい病気です。

一つには、うつになりやすい人には、まじめで几帳面な人が多く、精神的な悩みを病気ではなく、自分の弱さととらえる傾向が強いため、自覚しにくいのです。また、苦しんでいることを隠そうとするので、周りの人も気づきにくくなります。

穏やかだった人が攻撃的になるなど、うつのために行動に変化がおきたとき、行動に目がいってしまい、その裏にあるうつ的な気持ちに周りが気づかない場合もあります。いつもと違う様子に周りが早く気づいてあげることが、早期発見・早期治療につながります。

家族がうつになったとき

家族にうつの症状が現れたとき重要なのは、説得して受診をすすめることです。

周りの人にわかる、うつのチェックポイント

（大野裕『「うつ」を治す』PHP新書より）

●日常行動

・口数が少なくなる　・イライラしている

●人間関係

・自分の中に閉じこもりがちになる　・つきあいが悪くなる

・気弱になる

●仕事

・仕事が遅くなる　・集中力が低下する　・能率が落ちる

・ミスが増加する　・意欲が低下する　・遅刻や欠勤が増える

・朝方や休日あけに調子が悪い

●身体症状

・睡眠障害（入眠困難、途中覚醒、早朝覚醒）　・食欲低下

・不定の身体愁訴（内科的治療に抵抗）　・全身倦怠感　・頭痛、眼痛　・肩こり　・胃痛、下痢、便秘　・動悸、息苦しさ

「お父さん、うつになるなんて恥ずかしいと思っているかもしれないけど、単なる脳の伝達物質の問題なのよ。こんなので悩むのもったいないよ。かぜをひいたときにからだの調子悪いとつらいでしょう。胃の調子悪いとつらいでしょう。それと同じで脳というからだの一部の調子がちょっと悪くなっているだけなんだから、早めにお薬もらって治したほうが絶対いいよ。ね、お願い」など、**「命令口調」ではなく、「お願い口調」で誘ってメンタルクリニックへ連れて行きましょう。**

日本ではまだ精神疾患に対する偏

見が根強いので、最初は「俺をそんなふうに思っていたなんて」などと、少し恨まれるかもしれません。けれど治療を受けることで、あとで必ず感謝されます。「君が、命の恩人だ……」と。

うつの人へのNGワードは、「がんばれ」「元気を出して」「スポーツしよう」「外に出よう」などです。がんばりすぎたゆえにうつになってしまったのですから、「がんばれ」と言われると「これ以上どうがんばればいいのか」とめいってしまいます。

また、運動はうつにいいといわれますが、それは本人が自発的に行うべきもの。外出や運動、趣味などを無理にすすめると本人には負担になることが多いのです。**うつの人には休養が大事**。これまでがんばったぶん、ゆっくり休んでいいことを伝えてください。

うつの人が家族にいると、家族にとってても大きなストレスになることが少なくありません。落ち込んでいる人を始終見ているのはつらいものです。

また、外では言えない悩みごとやグチを、夫や妻に延々と話し続ける場合もあります。こちらの言うことはいっさい受け入れないといった反応を示す場合もあります。そういうときには、つい説得したくなりますが、じっと我慢。反論や否定はせずに、相づちを打ちながら、「そうなんだねぇ」「そんな気持ちなんだ」と、相手の気持ちを受け止めながら、

ただひたすら「聴く」ことに徹してください。

支える人の健康がいちばん大事

うつを支える人は、何より自分自身が元気であることが重要になります。そうでないと、共倒れになる危険が高くなります。「あなたが苦しいのなら、私も一緒に苦しませて」と共依存の関係に陥るのがいちばんよくないのです。

「自分だけは元気でいよう」という気持ちで、まずはご自身の健康に留意されてください。そして、一人だけで支えようとせずに、周りの人と協力しあいましょう。

こまめにストレスを解消することも大切です。カウンセリングや電話相談、チャットでもかまいませんから、ご家族の方もグチをこぼせる相手を見つけましょう。

同僚がうつになったとき

同僚に、「うつっぽいな、大丈夫かな」という先生がいるとき、できれば、**以前うつになったことのある先生が声をかけてあげるのがいちばんいいと思います。**

「私、三年前にうつになったんだけど、ちょっと様子が似ているので気になって……」

と声をかけてあげるのです。

職員室に、うつの経験者が自分の経験を話せる雰囲気があるといいと思います。そんな雰囲気を校長先生に率先してつくっていただきたいのです。

さて、同僚の先生がうつになったときは、基本的には、ふだんと同じように接するのがいちばんです。うつになる人は繊細で、周りの目が気になるため、**腫れ物にさわるように気遣われるとかえってプレッシャー**になります。

休職中の先生に対して、気になる場合は、「いま、どうしてますか？」などと、電話してもいいと思います。このとき、相手の話は否定せず、「がんばって」などと励まさずに、ただ「そうなんですね」と「聴く」ことが大切です。

うつの人は「自分は無価値だ」と考えがちなので、こちらが気にかけている、大切に思っていることを実感してもらうことが大切です。

ただし、「私にできること何かない？」などと、お節介をしすぎると相手はかえって落ち込んでしまいます。「待ってるよ」「早く戻ってきてね」などの言葉もＮＧです。

休職していた**同僚の先生が現場に戻ってきたときも、「よそよそしくしないこと」「腫れ物にさわるようにしないこと」がとても大切**です。

「戻ってきたんだぁ、よかったよかった」と普通に明るく接しましょう。

基本的には、不登校の子どもの学級の受け入れと同じです。ほかの子どもが「もう明日から絶対に休むなよ」などと言ったらプレッシャーになりますよね。同様に「待ってたのよ、これからガンガンやろうね」などと言われると、言った本人は励ましているつもりでも、相手は落ち込んでしまいます。普通に接するのがいちばんです。

他人に厳しさを求めない

ときおり、「俺は弱音なんて吐いたことがない」という先生がいます。

「俺はこれまでずっと我慢してきたんだ。だからおまえも我慢しろ」——こんなふうに、自分に対して厳しい人は、他人に対しても厳しさを求めることが多いものです。

「弱音を吐くべきではない」「自分のことは自分で解決すべき」——こうした考えが、日本社会に蔓延するうつ傾向の根っこの部分にあるように思えてなりません。

「つらいときにはお互いさま」の精神で、お互いに弱音を吐き合う人間関係をつくっていきましょう。弱音を吐き合える家族、夫婦、恋人、同僚、友達……。それがうつの最も根本的な解決策になるのです。

第5章 教師の悩みQ&A

子どもとの関係（学級経営）

Q クラスのルールが守れません

小学校の教員です。担任する学級は活発な子どもが多く、活気がある明るいクラスだと思います。しかし、クラスの約束（ルール）がなかなか守れません。どうしたらよいでしょうか。

A 子どもと闘わないこと。何か一つ、具体的な約束ごとを決めて

どんなに楽しいクラスでも、ルールが守られていないと、安心感のある居心地のいい学級はつくることができません。けれども、この点がむずかしいと感じる先生方が増えているようです。ルールの問題で悩むのは、二十代の若手の先生や五十代のベテランの先生に特に多いようです。

若手の教師は、子どもたちについ強く出すぎてしまって反感を買い、逆に、ルールを破る子どもたちが増えてきてしまうのです。

五十代の先生方は、「特例」を認めるのが苦手です。「とにかくそうしなさい」「みんなやっているんだから、あなただけ、わがままいうんじゃないの」――こんなふうに叱責された子どもたちが、追い込まれてしまい、爆発してしまうのです。

いまの子どもたちにルールを守らせようとするときには、「ポジティブな言葉がけ」が特に必要なようです。

ある小学校での話です。その学校は、廊下がやたら長いのです。子どもたちからすると、走りたくて、走りたくて、うずうずしてしまうような廊下です。案の定、多くの子どもたちが廊下を走り始めました。

学校はまず「走ってはいけません」と大きく書いた紙を廊下に張り出しました。すると、ますます走る子どもが増えてしまったのです。やってはいけない行動を示されると、逆についい、そうしたくなってしまう。これが子どもの心理というものですね。

そこで、アドラー心理学を学んだ教師が、「勇気づけ」の発想を生かして「ゆっくり、歩こう」と書いて張り出したところ、見る見る間に、歩き始める子どもが増えたというのです。

ルールを守ってほしいとき、ネガティヴ言葉で「〇〇してはいけない」というよりも、「〇〇しよう」とポジティブな言葉がけを具体的に行うほうが効果が高いのです。

ちなみに、私のみるところ、このようなポジティヴ学級経営の最強の方法は、アドラー心理学の「クラス会議」です。これによって、クラスの子どものいいところを最大限に引き出しながら、ルールを自分で守ることができる子どもが増えてきます。第一人者は滋賀県の森重裕二先生。マニュアル本が発行されていますので、ぜひ参考にしてください。『クラス会議で学級が変わる！』（明治図書、近刊）

Q　子どもに無関心な保護者とのかかわり方は

小学校の教員です。授業中の立ち歩きが多く、暴力的で器物破損などの問題行動が多い子どもがいます。家庭的に問題があり、いわゆる「ほったらかし」状態の保護者です。学校に呼んで相談しようとしたところ、なかなか応じてもらえず、先日、ようやく学校に来ていただけたので、「もう少し○○君のこと見ていただけると……」とお願いしたところ、「子どもを指導するのが教師の務めでしょう！」と逆ギレされました。どのように対応したらよいのでしょう。

A　苦労をねぎらい、保護者のもっているよさに着目した言葉かけを

クレームをつけてくる保護者の対応も困りものですが、放任を超えて、完全に子どもの養育に関する意欲を失っているとしか思えない保護者も増えています。

毎日、コンビニエンスストアの周りをうろつき街を徘徊する小学生や、両親が毎日午前様で、小学生のきょうだいだけで過ごすのが日課になっている家庭。

学校に来ない子どもの家庭訪問を行ったところ、実は両親ともに職を失っていて、両親が昼過

ぎまで寝ているので、子どももそのまま家にいるようになった、というケースもあります。お子さんのことで電話を入れると、「なんでそんなことくらいで電話してくるんだ！」と怒りをぶつけられることもあるようです。

さて、こうした保護者とのかかわりは、クレーマー対応以上にむずかしいものがあります。クレームをつけてくる保護者は、少なくとも学校に関心はもっていて、こちらの対応がうまくいけば、学校に好意的になることも少なくありません。

子どもに無関心な保護者がいちばん変化しにくいのです。

このとき、「もっとお子さんを愛してあげたらどうですか」「お子さんに手をかけてあげてください」といった抽象的な説教をするのは逆効果です。これを言ってしまったら、少なからずの親が家に帰って、「おまえのせいで、先生に怒られただろう！」とお子さんを殴ります。殴られた子どもは、翌日、学校でほかの子どもを殴ります。ストレスの吐け口としての暴力の循環が始まります。この原因を最初につくったのはだれか……教師ですね。

むしろ大切なのは、「忙しいなか、お子さんに手をつくしてくださっていますね」とその保護者なりの苦労をねぎらうこと。そして「○○君、お母さんにほめられた次の日はとってもいい子なんですよ」と、その保護者のもっているよさに着目して言葉かけを行うことです。「この方はほんとうは、子育てに関心も責任感もあるはずだ」という姿勢でかかわることで、養育への意欲や責任感を引き出せることがあります。

同僚との関係

Q 何かと文句をつけてくるベテラン教師にもううんざりです

二十七歳、女性。小学校四年生の担任です。隣の学級担任のA先生は五十二歳（女性）のベテラン教師です。「あなたのクラスはダラけている」「指導がゆるい」など、何かと文句をつけてきます。私の学級は、活気もあり人間関係も特に問題なく、うまくいっているほうだと思います。先日、学級で初めてエンカウンターを行ったところ、「ただの遊びじゃないの。あんなことするからあなたのクラスは騒がしいのよ」と言われてしまいました。A先生にはうんざりです。

A まずは相手の不快な言動の動機を考えてみて

学級経営について、年配の先生から注意される若い先生は、結構多いようです。

この場合、ベテランのA先生の言うことを真に受けていると、ますます彼女を嫌いになり、毎日がいやになってしまうでしょう。こんなときは、まず、なぜA先生があなたに文句を言いたくなるのか、その理由を考えてみましょう。人が何か否定的なことをネチネチと言う場合、言う側の人間に問題があることがほとんどなのです。

この例では、Ａ先生は何年もの担任の経験があり、教師としての自信がある半面、最近の子どもたちの変化にとまどいを覚えているのかもしれません。そこへあなたが新しい試みを取り入れて学級経営を行っているのを見ると、嫉妬心が芽生え、さらにはこれまでの自分の方針を否定されたように感じて、あなたの行動をとがめずにはいられないのかもしれません。

「そうか、そういう気持ちだったのか」と納得がいくと、少しは腹立たしさもおさまってきませんか？　あなたのほうの態度がやわらぐと、相手の態度もやわらぐことがままあります。

しかし、それでも、相手からの小言がやまない場合は、自分の気持ちを伝えてみたほうがいいでしょう。

そのとき、けっして相手を批判・非難するような言い方をしないことがポイントです。

「私はこのような気持ちで、このような理由から、私なりの実践をしているのです」と、自分の気持ち、考え方をおだやかに話すように努めましょう。

相性が合わないとしても、これからも毎日顔を合わせる相手です。あなた自身がキレたり、相手がカッとなるような態度に出ることだけは避けましょう。

ベテランの先生だからと言って相手に全面降伏するのではなく、また非難するのでもなく、相手を上手に立てながら、自分の尊厳や考え方を守っていく。こうした姿勢をぜひ身につけていきたいものです。

Q 指導観の食い違いで、職員室は殺伐とした雰囲気です

中学校の教員です。職員室が指導感の違いで冷え込んでいます。「子どもたちには、集団での規律を厳しく指導するべき」という指導型の教員と、「一人一人を大切に、子どもにはあたたかく接するべきだ」という受容型の教員の間で意見が分かれ、対立しています。お互いに陰で悪口を言い合っていて、そんな毎日に嫌気がさしています。

A まずはよい人間関係づくりが最優先。相手の立場の視点も忘れずに

以前は指導を重視することが多かった中学校でも、受容を重視する学校が増えてきました。これは、ここ十年間の学校のいちばんの変化だと私は考えています。

例えば、以前の中学校では、「小学校や高校では髪を染めさせても、中学校では絶対に髪を染めさせないぞ」という空気がありました。最後の砦ともいえる中学校で指導がゆるくなってきたのが、近年の特徴です。これは、傷つきやすい最近の子どもたちの様子などから、ニーズに合わせた対応が必要になったという現れでもあるのでしょう。

さて、指導観・教育観の違いから、教師が対立しているということですが、どちらか一方が正しい、という問題ではなく、両方の考え方をバランスよく取り入れることが大切になります。毎日、顔を合わせる同僚なのですから、一歩譲ってもよい関係を構築することを優先していただきたいと思います。

とはいうものの、教師同士の人間関係がこじれてしまうと、それに気づくことさえむずかしくなるときがあります。そんなときは、校内研修で、実際に問題となっている事例を想定した「ロール・プレイング」をやってみることをおすすめします。

これは、場面を設定し、先生同士で子ども役や教師役を演じ、それぞれの立場の気持ちを体験する演習です。このとき、ふだん厳しい指導をしている先生はやさしい先生を演じ、ふだんやさしい指導をしている先生は厳しい先生を演じてみるといいでしょう。

このような体験学習を重ねていくうちに、相手側の気持ちが理解できて、関係が修復していくことも、よくあるものです。

Q 「自己チュー」の同僚にイライラしてしまいます

中学校の教員です。同僚の対応に困っています。管理職受けする仕事のときだけ手をあげて、面倒な仕事は他人に押しつける自己中心的な同僚がいるのです。その同僚をよく思っていない先生は私のほかにもいますが、カドが立つのは嫌なので、なかなか言えずにいます。おかげで自分たちの仕事が増えてストレスもたまってしまいます。

A カドが立たない「アサーション」の方法を身につけよう

最近、このような相談を受けることが多くなりました。

これには二つのパターンがあります。一つは、「管理職にアピールできるおいしい仕事は全部もっていく」タイプです。もう一つは、ほかの人がみな、忙しく働いているときに、「お先に〜」と帰ってしまう先生です。タイプによって少し対応が変わってきます。

まず、「おいしいところをもっていく」タイプは、学年での会議中などに「じゃあ、僕それやりますよ」と自ら手をあげます。このとき、「また先生？」と言うとカドが立ちます。けれど、衝突を避けるためにほかの人が何も言わないため、いいところを全部もっていかれるわけです。

ですので、できれば「私やりまーす」とあなたが自ら手をあげてみましょう。それはしたくないという先生は、「う〜ん、私はこういう仕事は、杉田先生が向いていると思うんですけど」とほかの先生を推薦する方法もあります。これなら抵抗なくできるでしょう。いい仕事だけもっていく人に対しては、ほかの先生も不満に思っているわけですから、自分が手をあげる必要はありません。仲のよい同僚の先生と前もって作戦を立てておけばより確実でしょう。

もう一つの「お先に」タイプの先生へは、アサーション（さわやかな自己表現）を使って対応することです。例えば、みんなでてんやわんやの大忙しの行事の前。こんなときでもそんな先生は、「お先に」と帰ろうとします。そんなとき、「みんな忙しいのにあなただけ……」などと文句を言っては、これまたカドが立ちます。学年の雰囲気が悪くなるのを恐れてみんな言えないのです。こんなときは、やさしいお願い口調でこのように言ってみましょう。

「ちょっといいですかあ、先生。行事前でいま手が足りない感じなんですよ〜。先生もお忙しいのわかりますけど、今日、もうちょっとだけ残って一緒に仕事していただけるとありがたいんですけどね〜。できれば五時三十分までやっていただけると、だいぶ助かるんですけど……」

などと時間を限定してお願いするのです。

これは、いろいろな場面で使える方法です。相手を変えたいと思ったら、一歩下がってお願い口調で。これがポイントです。

Q　管理職に力量不足と言われて……

小学校の教員です。先日、教頭に呼ばれ、私の力量不足を指摘されました。「君の学級は騒がしくて、荒れ始めているようだね。ほかの先生からもクレームが来たよ。わかっていると思うけど、クラスの荒れは、ひとえに担任に責任があるんだからね」などと言われて、すっかり気落ちしています。教師としての自信も失いかけています。

A　管理職の言うことがすべてではない。相談相手を探そう

「学級のよしあしは学級担任の力量がすべて」と古い考えをもった管理職もまだいるようです。しかし、社会や子どもたちの変化に伴い、いまや荒れている学級は担任の責任という考え方は見直されています。一つの学級の問題は、職員間のチームワークで乗り越えていくものなのです。

それでも、管理職に厳しく責められ、自信喪失している先生も少なくないでしょう。けれども、自信をなくし自分を責める前に、ぜひ次のような視点をもって見直してください。

「この管理職の考え方は偏っていないだろうか。私との相性が悪いだけではないだろうか」と。

そして、もし偏った見方しかできない管理職だとしたら、その人に批判的な先生は、あなたのほかにも学校内にいるはずです。周りを見回して、わかりあえそうな人を探してみましょう。

まずは理解しあえる仲間を見つけ、お互いにグチをこぼし、相談し合うことができれば、精神的な負担はかなり減るはずです。

「学級の問題は担任である私の責任。一人でなんとかしなければ」と思い込むことは、問題解決にはつながりません。むしろ、自分の悩みや弱みをさらけ出せる勇気が、いまの教師には必要なのです。

逆に頭の固い管理職に直接、「あなたは現場がわかっていない！」などと食ってかかるのは、もちろん得策ではありません。管理職との関係を崩し、職場でのあなたの立場が危うくなる可能性もあります。

どうしても学校内で理解者が見つからない場合は、八十一ページの「援助資源リスト」を使って、職場の外にも目を向けて、相談相手、弱音を吐ける相手を探しましょう。一人で悩みを抱え続けることはけっしてしないことです。あるいは、私が代表を務める「悩める教師を支える会」（諸富のホームページhttp://morotomi.net/から、リンクしてあります）にいらして相談していただくのもいいでしょう。外部のカウンセリング機関を利用してもいいでしょう。

教師同士で同じような悩みをわかち合うことで、元気になられた先生は大勢います。

Q 前任校でのつらい記憶がよみがえってしまいます

小学校の教員です。この春から別の学校へ転勤になります。いまの学校では、学級崩壊を経験し、さんざんな思いをしました。この学校を離れたいと思っていたものの、いざ転勤となると、複雑な思いです。低い評価のまま学校を去ることや次の学校でも同様なことが起きたらと思うと、正直言って怖いです。心機一転をはかりたいと思ってはいるのですが……。

A たまたま学校との相性が悪かっただけと割り切って

新年度は、勤務先の学校が変わったり、担任をはずされたりして悩んでいる先生もたくさんいらっしゃるでしょう。そんななか、「私の評価はこんなに低かったのか」と落胆したり、自信喪失する人も多いものです。

しかし、私が多くの学校に伺ってきてわかったことは、教師の学校の評価というのはその学校の校風や、管理職の人によって実にさまざまだということです。

同じ先生が同じことをしても、Aという学校では高く評価されたのに、Bという学校では認められなかった。またその逆もあるのです。

要は自分とその学校との「相性の問題」だと考えることです。いまの学校で管理職の評価が低かったからといって、「自分が悪かったのだ」と考えるのではなく、「たまたまあの学校の管理職と自分が合わなかった」くらいに思ってほしいのです。そして、これまでの学校のことは終わったことと割り切って、自信を取り戻しましょう。

いちばんよくないのは、過去の経験を引きずってビクビクすることです。先生が初めからおびえていると、すぐに子どもたちに気づかれて、つけ込まれてしまいます。いったん子どもたちに「こいつは俺たちの言いなりになるぞ」と思われてしまうと、あとからは取り返しがつかなくなってしまいます。

新しい学校の子どもたちにつけ込まれないためには、まずは、堂々としていること。それに加えて、おだやかなクラスの空気をつくるよう、絶対にどならないことも重要です。

もし子どもたちにいやな言葉を投げられても、おびえたり、カッとなったりしないこと。いまはまだその自信がないという場合は、メンタル・リハーサルをおすすめします。教室に入る前に、どんなことを言われても、にっこり笑って落ち着いていられる自分の姿を想像してみるのです。

なにごともはじめが肝心。まずは「一カ月間は絶対に教室でどならない」……これだけを徹底することを目標にして、始めてみましょう。

Q 新採です。学級経営がうまくいきません。相談したいのですが……

今年、小学校に新採用されました。いい学級をつくろうと意気揚々と臨んだものの、子どもたちは思っていた以上に手強くて、学級経営がうまくいっていません。先輩の先生に相談したいと思うのですが、みなさん忙しい様子で、だれに相談していいのかわからずにいます。また、最初からこんな状態で、無能扱いされたくないという思いもあります。

A かわいげのある教師になろう

ベテラン教師には、「人を育てたい」という気持ちをもっている人が少なくありません。子どもを育てたい、そして若い教師を育てたい……。若い先生から頼られるのは、生きがいだと言われる先生はたくさんいらっしゃいます。あなたが心配されているような「無能扱いされる」先生より、「相談してくれてうれしい」と喜んでくださる先輩の先生のほうが多いのです。「自分が相談することでこの先生も喜んでくれる」という気持ちで、かわいげのある若手教師となって甘えてみましょう。もしも相手が喜んでくれなかったら、別の先生を探せばいいのです。

さらに、「相談したら無能扱いされる」という考え方を少し変えてみましょう。

その考えの裏には、「教師であるかぎりは、若手であってもプロとして一人前であるべきである」というイラショナルビリーフ（非合理的な思い込み）があります。それを、「最初から完璧にできる教師なんかいない」「完璧に仕事ができる教師は、年輩教師からみればかわいげがない」とビリーフを変えていきましょう。「頼ってあげることが、先輩教師の気持ちを満たすことにもつながるんだ」というくらいの気持ちでかわいらしい教師を演じてみてもいいでしょう。

世渡り上手な自分を見つけることは、是々非々を教えこむという固い生徒指導しかできない教師ではなく、「それはさあ、確かに気持ちはわかるけど、こうすればいいんじゃない？」といった柔軟な対応ができる教師になることにもつながっていきます。さらに、そうした自分自身の対応を通して、子どもたちにソーシャルスキルを教えていくこともできます。教師が自分のソーシャルスキルを高めていくことが、子どもたちのソーシャルスキルを高め、たくましく世の中を渡り歩いていくことにもつながるのだ、という気持ちで甘え上手・世渡り上手な教師をめざしましょう。

また、先生自身が先輩教師に相談することで、他人に相談する人の気持ちがわかるようになります。すると、先生に相談する子どもの気持ちを理解することにもつながります。他人に相談したこともない人が相談を受けても、相手の気持ちはわかりませんよね。教育相談の勉強・研修のつもりで、「相談するときに、こう言われたらこんな気持ちになるのだ」ということを自ら体験してみようというくらいの気持ちで先輩の先生方に相談してみましょう。

Q 同僚に、もう教師を辞めてしまいたいと言われました

四十二歳、男性。中学の教員です。同僚のA教員はかなりのやり手でならしてきました。しかし、数カ月前、保護者に誹謗中傷の攻撃を受けて心にダメージを受けたばかりか、管理職にも背を向けられて、かなり落ち込んでいる様子です。先日、帰りがけに「俺はいままで何をしてきたんだろう。こんなにつらい思いをするなら、いっそ、もう、教師を辞めてしまいたい」とつぶやきました。どのように言葉かけをしていいのか、言葉につまってしまいました。

A 何もアドバイスせず、ひたすら聴き役に徹して

余計なアドバイスなどはいっさい不要です。ひたすら気持ちを聞いてあげてください。相手の先生は、この人ならわかってくれるという思いを抱いて話してくれたわけですから、とにかく心をこめて聞いてあげることです。

そして、「こんなつらい思いをするくらいならもう、教師を辞めてしまいたい」と言われたら、とにかく相手の話を親身になって聴いてあげて、こんなふうに言ってみましょう。

「先生そうですか……辞めてしまわれたいんですね。辞めてほしくないけれど、気持ちわかりますよ」と。このときできれば、「実は私も前に辞めたいと思ったことがあるんですよ。もしかしたら、先生ほどじゃないかもしれないけど」などと自分にも同じようなところがあると言ってあげられるといいと思います。

モンスターペアレントから人格を否定されるような攻撃を受けて、自分の存在価値がないように感じてしまった先生のなかには、「いっそ死んでしまいたい」と言われる方もいらっしゃいます。こんなときは事情をよく理解してあげて相手の立場に立って傾聴することが大切です。そして、「死んでしまいたくなる気持ち、わかります。お母さんにそこまで言われてしまって……」と気持ちをくんで、「私は聴いてあげることとくらいしかできないけど、いつでも電話してくださいね」と声をかけてあげましょう。

教師の悪いところは、つい「何かアドバイスしなければ」「なんとかしてあげなければ」と思って「よけいな一言」を言ってしまうところです。そんな必要はいっさいないのです。「そうは言ってもがんばって」などと言われてしまうと、相手はもうがんばり尽くしているわけですから、余計につらくなってしまいます。アドバイスや指導をしないと仕事をした気になれないのが、教師の悪いくせ。ひたすら聴く姿勢を身につけておくと、いじめられた子どもや不登校の子どもなど、精神的に追いつめられた子どもに対応するときにも必ず役に立ちます。

Q　早期退職をしようかと悩んでいます

四十九歳、女性。小学校の教員です。ここ数年、教師の仕事に体力的な限界を感じています。疲労感も大きく、早期退職しようかと悩んでいます。昨年は、一時期、学級崩壊の状態を経験しました。心身の疲れがどっと出てきたようです。

A　自尊感情の傷つきを引きずらない辞め方の工夫を

体力の限界を感じていらっしゃる先生、四十八歳〜五十五歳くらいの年齢に多くみられます。どうしても、若いころと同じようにはいきません。「子どもたちのためには」と無理してがんばり続ければ、肉体面だけでなく、精神面にもひずみが出てきます。

「先生は、年だから無理がきかないんだ」と子どもたちに正直に伝え、自分の体力や年齢に見合ったつき合い方をすることも大切になってくると思います。

例えば、五十代後半にもなれば、小学校低学年の子どもたちは、自分の孫に近い年齢という場合もあるでしょう。お父さんやお母さんには言えないことも、おじいちゃん、おばあちゃんになら話せるという子どもは多いものです。元気がない子、悩んでいる子のそばに寄り添って、ときには「おじいちゃん役」になってじっくり話を聴いてあげられるのも、この年齢になったからこそ……と思うことはできないでしょうか。

体力的に限界を感じておられて、「もう、教師生活に悔いはない」「ほかにやりたい仕事もある」という場合には、早期退職をされるのも悪くないでしょう。ただし、例えば、保護者から攻撃を受けるなどして「いまがドン底」という状態のまま辞めるのは、おすすめできません。

教職を去る先生の多くは、敗北感いっぱいで辞めていき、自尊感情の傷つきをその後も引きずりながら生きています。そういう状態の方には、休職をおすすめします。

学級経営に行き詰まったことが退職を考える大きな原因であれば、年度が終わるまで休職して、新年度から新たな気持ちで違うクラスを受け持つ……ということができればいいと思います。ほかの学級なら通用する場合も多いのですから。辞めるにしても、「自分はできる」ということを確認してから、肯定的な気持ちを抱いて退職することが大切です。

私は、「何がなんでも定年まで勤務するべき」と考えているわけではありません。退職されて大学院に行かれる方もいます。第二の人生の目的がはっきりしていれば、それはそれでいいと思います。

大切なことは、自尊感情の傷つきを引きずったまま、前に一歩も進めないような辞め方だけはしないことです。

第6章
教師を救う！
校長・教頭にできること

1　すぐれた管理職が教師を救う！

本書をお読みの先生のなかには、管理職の方もいらっしゃると思います。ここで教師のメンタルヘルス向上のために管理職ができることについてもふれたいと思います。

悩める教師を救うことができるのは、校長や教頭の「あなた」なのです！

肯定的な評価で意欲の向上を！

人事考課の導入に伴って、職員室の雰囲気が悪くなっている学校が少なくないと聞きます。そんな学校では、「管理的雰囲気」「評価的雰囲気」が生まれ、管理職との関係が「管理的関係」「評価的関係」になってしまっているのではないでしょうか。その雰囲気をつくっている要因の一つは、管理職のコミュニケーション能力の低さ、ひらたく言うと「伝え下手」にあります。

管理職として評価するのですから、厳しいことを言わざるをえないときもあるでしょう。

そんなとき、「あなたの自己評価は高すぎます」「あなたの問題は〇〇ですね」などと、意欲を低下させる伝え方をしていないでしょうか。

そもそも教師になる人は、まじめな優等生。傷つきやすく、しかられるとやる気を失ってしまう人が多いのです。**教師にはほめられて育つ人が多い**のです。

教員評価に関しては、本人の自己評価をもとに、コーチングの技法を生かして、肯定的にかかわっていくことが大切です。例えば、

「あなたはご自分のよさをよくわかっておられますね。確かにその点はあなたの大きな資質です。**その資質は私たちの学校に、とても必要なものだと思います**。私は、あなたの資質をもっと〇〇に生かしていただきたいと思います。その具体的な方法として何か考えられることはありますか」

まず、教師の自己評価をもとに、その教師の資質（持ち味）となる点に着目して、それをほめてから、「この学校はあなたを必要としている」というメッセージを伝えます。そのうえで、その資質を、学校をよくするためにどのように生かしてほしいか、具体的な方法を本人と一緒に考えていくのです。

同じ内容を伝えるのでも、「あなたは〇〇ができていない」と否定的なところに着目し

て伝えるのと、その先生が「すでにできているところ」「これからできること」「できるようになってほしいこと」に着目しポジティブに伝えていくのとでは、教師の意欲はまったく違ってきます。

相手が子どもであれ、教師であれ、原理は同じ。**いい評価はやる気を引き出す評価であり、ダメな評価はやる気をくじく評価**です。

校長先生や教頭先生には、ポジティブなコミュニケーションスキルをぜひ身につけていただきたいと思います。

教師一人一人の持ち味を生かそう

職員室の雰囲気が冷たい学校ではよく、管理職は自分のモノサシでほかの教師を一方的に評価しています。

指導型の校長先生は、同じく指導型の教師を高く評価し、そうではない教師には低い評価をつける傾向が見受けられます。

教師の持ち味を否定する管理職も少なくありません。

例えば、私のもとに相談に来られたある先生にこんな方がいました。

この先生は、毎日毎日だれよりも、遅くまで残ってコツコツ教材研究しているまじめな方です。ある日、校長がその先生を呼んでこう言いました。

「あなたの悪いところは、まじめすぎるところです。もっと遊びを覚えなさい」と。

（そんなこと言われても、どう遊んでいいかわからないし……）。先生は悩んでしまい、「まじめな自分」を責めていました。

しかし、教師にとって大切なのは、自分の「持ち味」を生かして成長していくこと。この先生は「まじめが取り柄」なのです。ですから、「まじめすぎるのはやめなさい」と責めるのではなく、「この先生のまじめさをどう生かすか」という発想で対応することが大切なのです。

さきの先生は、私に相談されたあと、持ち前のまじめさで多くのお笑い番組を研究して教材に生かし、ネタを覚えて会話術を磨きました。

これでいいのです。性格などそう変わるものではありません。**教師の持ち味を生かし、そこを伸ばして足りない点を補えるのが「できる管理職」。個々の教師が自分本来の持ち味を生かせる学校が「伸びていく学校」です。**

2 親分肌の管理職が教師を救う!

リーダーシップとカウンセリングマインド

リーダーシップとは、**先生方のモチベーションを高めるような指導性**です。「私はこういう学校にしたいんです。そのためにみなさんの力がどうしても必要です。ぜひ力を貸してください」と言える校長先生。

個々の先生に対して、「あなたに期待していますよ」「あなたが必要なんですよ」と言える校長。「校長は私のことを必要としてくれている」という感情を一人一人の先生が抱くことができれば、やる気もわいてくるというものです。

いっぽうで、「何かあったらいつでも相談してくださいね」と**気楽に相談にのってくれるカウンセリングマインドも必要**です。「弱音を吐ける職員室」をつくっていく最大の役割を果たすのが校長先生です。ぜひ、先生方が弱音を吐けるようなあたたかい雰囲気を、自らリードしてつくっていただきたいと思います。

「いざというとき」の頼りは校長先生

以前、小学校のある先生に、「あなたにとって校長先生は、どんな存在ですか？」と伺ったことがあります。こんな答えが返ってきました。

「私たちにとって**校長先生は、学校における父親のような存在**です」

特に小学校教師の管理職に対する依存と期待は、並はずれて大きなものがあります。管理職に対する期待は、小学校を一とした場合、中学校になると半分に、高校では五分の一以下になる、というのが私の実感です。小学校では、校長に対する依存と期待が大きいだけに、それが得られなかったときの先生方のダメージは非常に大きくなります。

保護者からの攻撃や学級崩壊で傷つき、私のもとに相談に来られた先生方が嘆きます。「あのとき、校長先生は私を守ってくれませんでした」と。

ある先生は、不登校になりかけた子どもの父親に刃物を突きつけられたうえで、「どうしてくれるんだ！」とすごまれたそうです。それを校長に相談しにいったら、「あなたも大変だね」と受け流されたと言います。「次に来たら一緒に会いましょう」と言ってもらえなかった……。これがショックで大きなダメージを受けられました。

いっぽう、いろいろな組織の役員をしている大物校長で、一週間に一度くらいしか学校にいないため、すこぶる評判が悪い方がいました。ところが、ある父親が学校に乗り込んで来たときのこと。強面で、「娘が学校行きたくないって言ってるぞ。担任を出せ！」とすごんでいます。ここで、たまたまそのとき学校にいた校長の登場です。

「ちょっと待ってください。この担任の先生は、私が信頼をおいてお願いしている先生なんです。文句があるなら私がお聞きしましょう。さあ先生、あとは私に任せてください」

――いままでは一〇％くらいしかなかった校長の支持率が一挙に八〇％にはね上がったそうです（笑）。

また、学級崩壊が三クラスくらいある、とても荒れていた小学校に校内研修に伺ったときのことです。確かに惨憺たる状況です。授業中に物は飛んでくる、子どもが教師の足を引っかける、「くそじじい」「くそばばあ」と言われる、黒板には毎日、「死ね」の文字……。

しかし、校内研修の雰囲気は和気あいあいとしています。

「あらら～、また『死ね』って書かれたの？　一週間連続じゃない？」

「足引っかけられて、あざできちゃうなんて、なんだかK―1みたいね……」

いちばん荒れている当のクラスの担任は、「職員室がこんなにいい雰囲気だから、なんとか続けることができているんです。何度も辞表を書いたんですけど」とおっしゃっていました。

さて、この学校の校長が実に脱力しきったいい雰囲気を出しています。

「いやあ、そうなんですよ。先生方、ほんとうによくやってくれていますよね。私にできることとですか……。研究指定と公開をお断りすることくらいでしょうか（笑）」

管理職がリードして、お互いに弱音を吐いていいんだよ、支え合っていこうという雰囲気をつくること、これはとても重要なことです。

カムバック！　親分肌の校長

ある校長会の講演会に招かれた際、「あなたは親分肌の校長だと思いますか」とお聞きしたところ、およそ半分がイエスと答え、残りの半分がノーと答えました。

いっぽう、担任の先生方にお聞きすると、およそ六割の先生方が、「うちの校長は頼りない」「リーダーシップが足りない」と感じているようです。

また、担任の先生方に、理想の校長像をお聞きすると、最も多いのがこの二つです。

「こちらの話もよく聞いてくれて、フットワークもよく、頼りがいのある校長」

「いざというとき守ってくれる、親分肌の校長」

先生方は、きまったように「親分肌の校長がいなくなった」と嘆きます。たしかに、学校経営そのものが十年前、二十年前に比べると格段にむずかしくなり、学校には次から次へと要求が課せられます。校長としては、心安まるところがないというのが実感だと思います。いまは、管理職受難の時代でもあるのです。

「『自分の信念でやれ！　その代わり、とことんやれ！　あとの責任は私がとるから』なんて格好いいせりふ、吐きたくても、吐けないよなあ」

そんな思いの校長先生もいらっしゃるでしょう。それでも私は、あえてお願いしたいのです。私は先生方の幾多の悩みを伺うなかで、「教師にとって校長の存在は、こんなにも大きなものなのだ」ということを、ひしひしと感じています。

保護者の攻撃や学級崩壊で心身ともに疲弊しきったとき、「それでもがんばろう」と教師を続けられる先生と、「もうだめだ、限界」と教職を去られる先生。この違いが、管理職の対応一つにかかっていることは少なくないのです。

多くの学級担任が求めているのは、「いざというとき」に「必ず守ってくれる」と思える「親分肌の校長」です。

第7章
教師を救う！システム改革

1　教師のメンタルヘルス向上に関する提言

提言1◆カウンセリングを受けやすい体制づくりを！

「カウンセリングを受けたいけれど、なかなか足が向かない」という先生はわりと多いと思います。

県の教育委員会などで、教職員相談のためのカウンセリングルームを設けていることも多いのですが、気持ちの落ち込んでいる教師にとって、出世した同僚のいる教育委員会はいちばん行きにくい場所でもあります。

最近では、**無料でカウンセリングを受けられる制度を設けている県も多くなった**ようです。これは、教育委員会が指定したメンタルクリニックなどに何回か無料で相談に行けるというもので、県の教育委員会がクリニックと提携して行っています。

例えば、カウンセリング料金や診療費に関して、五回目までは無料でそれ以上通う場合は自分で払う……というシステムをとっているところもあります。

ある県ではさらに一歩進んで、カウンセリングルームや精神神経科に、無料で受診するためのクーポンを配っています。

「無料でカウンセリングが受けられます」とただ言うよりも、実際にクーポンが配られたほうが利用しやすいですね。この工夫は、なかなかいいと思います。

教師が、カウンセリングやメンタルクリニックに行きやすい環境を整えることが急務です。

学校にスクールカウンセラーがいても、周りの子どもやほかの先生方の目が気になって行きにくいという人もいます。外部のカウンセリングルームと提携を結び、サービスを提供するのは名案です。

提言２◆全教師にメンタルヘルス研修を！

メンタルヘルス研修には、大きく分けて二種類あります。

一つ目が、校長や教頭など**管理職レベルの人の研修**。

これは、部下に対するメンタルヘルスケアの研修です。管理職向けの研修には、メンタルヘルスを崩した、つまり休職した教師を抱えている学校に特定した管理職の研修もあります。

もう一つが、**広く一般の教師を対象にした、自分のメンタルヘルスについて考えるための研修**です。

いまやどんな教師であれ、メンタル面の不調をきたす可能性があります。メンタルヘルスについて、知識だけでなく、セルフヘルプの実習を含んだ研修をすべての教師が受けられるシステムをつくっていくべきだと思います。

メンタルヘルスを崩す兆候というのは、本人はなかなか気づきにくいものです。「寝てもすぐに目が覚めてしまう」「寝つけない」といった睡眠障害がいちばんのサイン。そのほか、「食欲がない」「集中力が落ちている」「疲れやすい」……。こうした兆しに気づいていただく研修を全員に受けさせることが重要です。

うつの兆し、治療や薬の知識、自分の症状とどうつきあえばいいのかなど、専門家に教えてもらうことが、とても重要になります。

提言3◆復職の際の環境づくりを教育委員会が先導するべし！

教師がメンタルヘルスを崩して休職し、復職するときに、一つの問題が出てきます。学校復帰できるかどうかを「本人の責任」ととるか「学校側の責任」ととるかです。

岡山県では教育委員会がリードして、教師がうまく復職できる学校の環境を整えさせる方針をとっています。教育委員会がリードして、学校の受け入れ体制を十分に整えさせてから迎え入れる方針にしているのです。これはとても重要なことです。

一人の教師が休職すると、同僚の先生方の仕事量が増えてしまいます。

先生方のなかには、「ただでさえ多忙なのに余計な仕事が増えて……」という思いがあるでしょう。それが表面に出て、復職する先生に冷たくあたってしまうことも現実にあります。

実際、復職直前に校長から「君の戻る場所はないよ」と言われうつが再発した先生もいます。そんなことを言われたら、病気が再発するのも当然です。

提言4◆戻る学校は本人に選択させるべし！

もう一つ提言しておきたいのは、「復職した本人が勤務する学校を選べるようにする」ということです。

現在の慣例としては、「現場に戻るときには休職前に勤務していた所属校に戻る」というのが基本です。そのほうが新しい環境に行くよりは復帰率が高いというのです。

けれど、管理職との相性の悪さが具体的な原因としてある場合、同じ学校に戻るのは至難の業。「あの校長とまた一緒にやっていくのか」と思うと気も重くなります。

実際、管理職との相性が悪いゆえに、不適格教師の烙印を押され、それが直接的な原因でうつになってしまった先生も多くいらっしゃいます。

うつで休職中のある先生が、それを象徴するようなことをおっしゃいました。

「子どもたちはそのまま、教員は全取りかえで、もとの学校に復職できれば、ほんとうはベスト」と。

原則的には元の学校に戻るとしても、**具体的な原因が学校（管理職）との関係にある場合などは、本人が復職先の学校を選べるシステムをつくる必要がある**と思います。

2　日本の学校の最大の財産、教師のチームワークを守れ！

提言5◆人事考課でチームワークが崩壊

「学級が荒れてきて同僚に相談したくても、校長や教頭の目が気になって、職員室では話ができない」――こんな職員室が増えています。「学級の荒れが管理職に伝われば、自分の評価が下がる」と心配しているのです。職員室に人が寄りつかず、からっぽ状態の学校もあります。職員室で学級や子どものことが話せないのはおかしな現象です。

教師はまじめな優等生。賃金よりも校長や人の評価に敏感な人たちです。**教師ほど、低い評価を与えられることで意欲が低下しやすい職種はない**でしょう。

人事考課制度の導入により、校長に評価される人・されない人の間で、モチベーションの差が大きくなりはじめました。校長に評価される教師（校長派・出世志向）と、校長に評価されない教師（反校長派・非出世志向）に二分されたのです。校長に評価されない教師はやる気を失って必要最小限の仕事しかしなくなる一方、出世志向の教師の仕事量が格段に増えました。完全なオーバーワークで、燃え尽きてうつになる人もいます。

以前は、**教師が一丸となるのが日本の学校文化**だったのです。**教師のチームワークこそが日本の学校の最大の財産**、というのが、私のかねてよりの主張です。これが崩れ始めたのが、ここ数年の日本の教育の最大の失敗であり、大損失です。五十年後に、日本の学校の変遷をたどっていくときに、二十一世紀初頭、つまり、いまこそ、「教師のチームワークの崩壊」によって、「日本の学校がほんとうに壊れ始めた時代」と、歴史的に位置づけられてしまうと思います。

企業の成果主義の論理を無神経な形で学校に導入しようとした弊害の現れが、教師のチームワークの崩壊。この大きな損失を招いた人事考課制度に、私は大反対です。

提言6◆管理職のメンタル・ヘルスもサポートしよう

実は管理職自身がメンタルヘルスを崩しているケースも少なくありません。特に、校長との相性が悪いために、うつうつとした毎日を過ごしている教頭はかなり多いと思われます。校長や教頭をサポートし、管理職のメンタルヘルスをケアしていくことも、いま、とても大きな課題となりつつあります。

終章

すべての苦しみには意味がある

苦しみは成長のためのプロセス

私が専門としているのは、人間性／トランスパーソナル心理学です。これは、人間の自己成長を支援していく心理学です。

人間性／トランスパーソナル心理学は、問題解決よりも個人の成長をサポートすることに主眼を置いています。そういったアプローチで、私は学校の先生方の悩み苦しみともかかわってきました。

そのなかで、さまざまな苦しみを経験しながら、教師として人間として成長していかれた先生方にたくさんお会いしてきました。

例えば、あるベテランの先生は、保護者に人間としての価値を否定するようなことをさんざん言われ、苦しんでいました。しかし、その苦しみを通して、一歩そこから抜け出していくことによって、幅の広い教師として成長していかれたのです。

学級経営がうまくいかず、「こんなことでは、ほかの先生に見捨てられる」と苦しんで、だれにも悩みを相談できずにいたある若手の先生もいました。思い切って先輩の先生に相談し、支えられるなかで、自分なりのスタイルをつくっていかれました。

この教師受難の時代に、この本を読まれている先生方は、いろいろな問題に立ち向かわれていることと思います。「なぜ、こんなに苦しい思いをしなければいけないのか」と暗澹たる思いの方も少なくないでしょう。

けれども長い時間を通してみると、そういった一見否定的な出来事も何かを教えてくれているはずです。

自己成長、魂の成長という観点からみると、

「さまざまな悩みや苦しみも、自分が教師として、人間として成長していくためのプロセスであり、必要だからこそ起こっていた意味のある出来事だったのだ」――そう思えるようになる日がきっと来ます。

いま、大変な苦しみを抱えている方には、このように考えることはむずかしいかもしれません。けれど、その日はきっと来るのです。

自分の持ち味を否定しない

「自己成長」というと、「ダメな自分をすばらしい自分に変えていくこと」と思われている方もいると思いますが、これは間違いです。自己成長で重要なのは、その人の個性、真の自分らしさを発揮していくことです。

ジェイムズ・ヒルマンという世界的に有名なユング心理学者は、こう考えています。

「**人間の魂が、遺伝子や両親を選んでここに降りてきたのだ**」。

——一人の人間には、**遺伝子や両親と出会う以前の、「魂の本質」があるというのです。**

いったい、それはどういう形で現れるのか。

一つの現れは、**あなたがどうしても「譲れない部分」**です。教師をやっていて、「ここだけは譲れない」という部分があれば、それがあなたの魂の本質の表現である可能性が高いのです。

「いま、うちの学校では、もっと厳しく指導していこうという雰囲気があるけれど、私は中学生の繊細な心を厳しい指導で傷つけたくない。子どもたちの声に、ていねいに耳を傾けたい。だからカウンセリングを学んできたんだ」

そういった「こだわり」です。これを大事にしてほしいのです。周りに合わせすぎたり、校長から優秀とみなされるために、自分のこだわりを捨ててほしくないのです。

こだわりを捨てて「自分」がなくなったら、必ず後悔します。そんなふうに教師をやっていても、そこに残るのは空虚感だけです。

コツコツ教材研究をやる先生は、それがその先生の取り柄なのです。

それを「まじめすぎるからダメなんだ。もっと遊びを覚えなさい」と管理職が言ってはいけません。それはその先生の個性、本質を否定することになるからです。自分の本質を見失っては、けっしてよい教師にはなれません。

自分の取り柄がコツコツまじめにやることしかないのだとすれば、それを最大限に生かして、「コツコツまじめに」お笑いの研究やネタの分析をすればいいのです。それで生徒の笑いを取れれば大成功！

自分の魂の本質を否定しない形で、個性を生かしながら、それをどう生かしていくかと考えて自己成長していってほしいのです。

「魂の本質」の見分け方

自分の魂の本質とは何か。それを探るもう一つのポイントは、子どものころに熱中していたことを思い出すことです。そこにあなたの魂の本質が現れます。

例えば、あなたは、おままごとで周りの人の世話をするのが好きだったかもしれません。するとあなたは、人をケアすることが好きなのです。もしかすると、養護教諭が向いているのかもしれません。

あるいは、小さいころから友達に何かを教えることが好きだったかもしれません。この人は授業が好きなのです。

非行に走っている子どもを、ほかの先生がけなしているときに、「ちょっと待て。俺たちのやり方が間違っているから、子どもが反抗しているのではないか」と思える先生は、子どものころ、悪者に立ち向かうウルトラマンに熱中していたかもしれません。「正義」がこの先生の魂の本質なのです。

教師としての持ち味には、生まれつきの個性が大きく影響しています。変えようとしても変わるものではありません。それを否定せずに、うまく生かす形で教師として成長していってほしいのです。

すべての出来事には意味がある

もう一つ、大切なのは、教師人生の中で起きるさまざまな出来事から、日々学んでいくことです。

「この子が不登校になったことは、担任の私に何を教えてくれているのかな」

「最近、私のもとに親からのクレームが集まってくるのはなぜだろう」

「転勤先の学校は、いつも気の合わない先生ばかり。これは、私に何に気づけと言ってきているのだろう」

人生のすべての出来事には意味がある。すべての出来事は、気づきと学び、自己成長のチャンスである。――こんなふうに考えてください。

うつになって二年間休職せざるをえなくなったとします。けれども、そうすることによってしか気づけなかった「大切な何か」があるかもしれません。

それは、もしかしたら、不登校の子どもの気持ちかもしれません。

「あの子もこんなに苦しい思いをしていたのか……」と気づくことができたとしたら、

教師として得がたい学びを手にしたことになります。

ある先生は、自分の子どもが不登校になって、自分もうつになってしまったかもしれません。そこで、不登校の大変さを身にしみて感じたとしましょう。これまで子どもたちに、「がんばれば、なんとかなるものだ」と気楽に指導してきたけれど、人生のつまずきは、ほんとうに大変なものなのだということを、ここで学べるかもしれません。

あなたはここではじめて、つまずく子どもへの心からのやさしさを学ぶことができるかもしれません。

この人生の、一見、否定的に見えるすべての出来事……お子さんの不登校や自分のうつや休職でさえ……。これらもすべて、気づきと学びのチャンス。かけがえのない大切なことを教えてくれている。教師としても人間としても成長できるきっかけを与えてくれている。そう考えて、成長の糧としていってほしいのです。

私の敬愛する心理療法家のアーノルド・ミンデルは、**大変困難なケースやアクシデントに出会うと、「オー、マイ・ティーチャー（あぁ、私の師よ！）」**と言います。

自分が楽にできることからは、何も学ぶことができません。

いっぽう、つまずきによって、気づき、学び、成長できることはたくさんあるのです。

私たちの人生のトラブルは、私たちに何か大切なことを教えてくれているのです。

これは、なかなかむずかしいことだと思います。けれども、ときどきでいいので、そんなまなざしで自分がいま、抱えている問題をとらえてみては、いかがでしょうか。

「自分がいま苦しんでいる悩みや苦しみは、けっして無意味なことではない」「このことは、私に、何を教えてくれているのだろう」と考えてみるのです。

人生のすべての出来事には意味があります。

あなたがいま、抱えている悩み苦しみも、大切な何かを教えてくれています。

この人生で起きるすべての出来事は、私たちの生きる姿勢しだいでは、大切な気づきと学びのチャンス、自己成長の機会となりうるのです。

気づきと学びの心理学研究会〈アウエアネス〉のご案内

●諸富が講師を務める心理学の体験学習により、自己成長（人間的成長）をはかる学習会です。http://morotomi.net/ をご覧のうえ、メール（awareness@morotomi.net）もしくはファックス（03-6893-6701）までお申し込みください。

〔お知らせ〕　教師としての自己成長，人間的成長を目的とした心理学の体験的学習会（ワークショップ）を年に数回行っています。ご関心がおありの方は，私のホームページ（http://morotomi.net/）の研修会コーナーをご覧のうえ，メール（awareness@morotomi.net）もしくはFAX（03-6893-6701）にお問い合わせ／お申し込みください。郵送の方は，下記まで90円切手同封のうえ，お知らせください。電話でのお問い合わせは一切応じかねますので，ご了承ください。

〒101-0062　東京都千代田区神田駿河台1-1
明治大学14号館諸富研究室内「気づきと学びの心理学研究会」宛

教師の悩みとメンタルヘルス

二〇〇九年 八 月二〇日　初版第一刷発行
二〇一五年 二 月 一 日　初版第三刷発行　［検印省略］

著　者　諸富祥彦©
発行人　福富　泉
発行所　株式会社　図書文化社
〒一一二・〇〇一二　東京都文京区大塚一・四・一五
電話　〇三・三九四三・二五一一
ファックス　〇三・三九四三・二五一九
振替　〇〇一六〇・七・六七六九七
http://www.toshobunka.co.jp/
装　幀　本永惠子デザイン室
印刷製本　株式会社　高千穂印刷所

ISBN978-4-8100-9544-9 C3037
乱丁・落丁本の場合はお取り替えいたします。
定価はカバーに表示してあります。

構成的グループエンカウンターの本

必読の基本図書

構成的グループ
エンカウンター事典

構成的グループエンカウンター事典
國分康孝・國分久子総編集　Ａ５判　本体 6, 000円＋税

教師のためのエンカウンター入門
片野智治著　Ａ５判　本体 1, 000円＋税

自分と向き合う！究極のエンカウンター
國分康孝・國分久子編著　Ｂ６判　本体 1, 800円＋税

エンカウンターとは何か　教師が学校で生かすために
國分康孝ほか共著　Ｂ６判　本体 1, 600円＋税

エンカウンター スキルアップ　ホンネで語る「リーダーブック」
國分康孝ほか編　Ｂ６判　本体 1, 800円＋税

エンカウンターで
保護者会が変わる
（小・中）

目的に応じたエンカウンターの活用

エンカウンターで保護者会が変わる　小学校編・中学校編
國分康孝・國分久子監修　Ｂ５判　本体 各2, 200円＋税

エンカウンターで不登校対応が変わる
國分康孝・國分久子監修　Ｂ５判　本体 2, 400円＋税

エンカウンターで学級づくりスタートダッシュ　小学校編·中学校編
諸富祥彦ほか編著　Ｂ５判　本体 各2, 300円＋税

エンカウンター　こんなときこうする！　小学校編・中学校編
諸富祥彦ほか編著　Ｂ５判　本体 各2, 000円＋税　ヒントいっぱいの実践記録集

どんな学級にも使えるエンカウンター20選・中学校
國分康孝・國分久子監修　明里康弘著　Ｂ５判　本体 2, 000円＋税

どの先生もうまくいくエンカウンター20のコツ
國分康孝・國分久子監修　明里康弘著　Ａ５判　本体 1, 600円＋税

10分でできる　なかよしスキルタイム35
國分康孝・國分久子監修　水上和夫著　Ｂ５判　本体 2, 200円＋税

エンカウンターで学級が変わる
（小・中・高）

多彩なエクササイズ集

エンカウンターで学級が変わる　小学校編　中学校編　Part１～３
國分康孝監修　全３冊　Ｂ５判　本体 各2, 500円＋税　Part1のみ 本体 各2, 233円＋税

エンカウンターで学級が変わる　高等学校編
國分康孝監修　Ｂ５判　本体 2, 800円＋税

エンカウンターで学級が変わる ショートエクササイズ集　Part１～２
國分康孝監修　Ｂ５判　①本体 2, 500円＋税　②本体 2, 300円＋税

〒112-0012 東京都文京区大塚 1-4-15　**図書文化**　TEL. 03-3943-2511　FAX. 03-3943-2519
ブックライナーで注文可 0120-39-8899

071116 01 07 a4